5年で年収を4倍にした
転職のプロが明かす

正しく評価してくれない

「自分を高く売る」ための
キャリアデザイン戦略

この会社に限界を感じたとき読む本

アトワジャパン 株式会社 取締役
江田泰高 Eda Yasutaka

ぱる出版

まえがき　～四方を壁に囲まれた部屋にいるあなたへ～

あなたは、四方を壁に囲まれた部屋にいます。
その部屋には、いくつかの扉がある。
あなたは、扉を開けようとするがどの扉も開かない。
引いても押しても開かない。
開かない扉を前に、もうあきらめてしまっているのではないでしょうか？

あなたは、まだ扉の開け方を知らないだけです。
この本は、あなたの未来の扉を開く「魔法の鍵」です。
必ずあなたをこの狭い部屋から解き放ってくれます。

＊　＊　＊

突然ですが、プロのスポーツ選手の話をしましょう。

野球選手であれば、誰もが憧れるメジャーリーグ。世界中の一流選手が切磋琢磨《せっさたくま》する厳しい弱肉強食の世界です。一流の選手になれば、高額な年俸が約束されますが、そこにたどり着くまでの道程は容易ではないと聞きます。

通常は、マイナーリーグのような下部組織からメジャー昇格を目指していきます。世界中の優秀な選手が集まっていますので、マイナーリーグであっても競争は熾烈《しれつ》を極めます。大前提として、実力を持っていなければチャンスは掴めません。またチャンスは、突如として訪れるため、しっかりと準備ができていない選手は結果を残すことはできません。

一方で実力だけでは、運に頼るのみでチャンスを手繰り寄せることができないのも事実です。そこで重要になってくるのが、成果や実力を監督やコーチなどの球団関係者にアピールする技術です。必要なスキルを身に付け、効果的にアピールをした者こそがより確実にチャンスを掴むことができるのです。

これは、ビジネスマンにおいても同様です。出世や転職に成功している人の多くは、自分の成果や実力をアピールする能力に長《た》けています。しかし、残念ながら、終身雇用が前提で謙遜を美徳とする日本社会では積極的にアピールする機会があまりありません。そのため、一般的なビジネスマンの多くが効果的に自分をアピールする方法を知りません。

アピールをしない結果、会社からは単なる労働力として認識されてしまい、新しいチャンスを与えられないまま出世の道は遠のいていきます。

私は、これまで様々な方の転職支援を行なってきましたが、多くの方は、現状の不満を口にします。

「言われたことを淡々とこなすだけで、やりがいがない」
「何年も同じことをやっているので、これ以上自分が成長できる気がしない」
「一生懸命やっているのに上司は評価してくれない」
などの言葉が返ってきます。

自分のこと？　とドキッとした方もいるのではないでしょうか。不満を持つことは、決して悪いことではありません。不満があるということは、改善の余地があるということです。そもそも不満のない職場なんて、この世に存在しないのです。

それでは、どうやってこの状態から抜け出したらよいのでしょう？　大事なことは、不満を認識した後に何をするかです。不満をそのまま放置するのでは、何も変わりません。その不満に対して、しっかりと向き合って考えてみましょう。

○やりがいがないのであれば、どうしたらやりがいを持てるかを考える。
○本当に成長できないのかを考える。
○なぜ上司が評価してくれないのかを考える。

不満から逃げるために別の会社に転職したところで同じです。新しい職場でも不満を感じることになるのは、間違いありません。

自分を変え、職場を変えることのできる人間であれば、自分の不満を減らすと同時に周りの不満を減らすことができます。周りを変えることができる人間は、転職をして別の職場に行ったとしても高い評価を得ることができます。

また、変化をもたらすことのできる人材だとアピールすることもできます。高い評価を得ることで、人は水を得た魚のように活き活きと自由に活躍することができ、更に高い評価を得るという好循環のスパイラルに入ることができるのです。

四方を壁に囲まれた部屋は、あなたを取り巻く現在の状況（仕事環境）です。扉の向こうには、様々な可能性があります。別の部署への異動、昇進、転職、起業、退職など様々です。今の状況に納得がいかないからといって、慌てて扉の向こう側に行ったとしても良いことはありません。高校生がメジャーリーグの試合に準備もなしに乗り込むようなものです。

扉の向こうに行く前にしっかりと準備を整える必要があります。そしてこの扉の面白いところは、「良い条件の扉は、準備ができていないと開かない」ところです。しかも社内にも社外にもライバルがいて、我先にと扉の向こうに行こうとしています。

この本では、部屋の中（今の職場）と部屋の外（転職市場）の両方で評価を上げる方法についてまとめています。少しでも多く、日々の仕事に取り込むことで劇的に社内での評価も上がりますし、転職面接でも良い評価を引き出せるようになります。

本書の考え方を理解することで、効果的にアピールする方法を学び「自分をより高く売る」ことができるようになります。この本との出逢いが、読者の皆さまにとって新しい気づきになっていただければ幸いです。

2019年6月吉日

アトワジャパン株式会社　取締役　　江田泰高

正しく評価してくれない
この会社に
限界を感じたとき
読む本

【「自分を高く売る」ためのキャリアデザイン戦略】

もくじ

第3章 転職市場での評価を上げるキャリア戦略

第4章 転職でも職場でも評価を上げる ワンランク上の仕事術

第5章
「自分を高く売る」ためにやるべき10の実践事項

カバーデザイン▼EBranch 冨澤 崇
本文レイアウト▼Bird's Eye
協力▼企画のたまご屋さん
協力▼柳 佳寧
協力▼木原秀治

第1章

なぜあなたは、「安い人」になってしまうのか？

1

評価をしているのは、誰なのか?

世の中には、「評価される人」と「評価されない人」がいます。同じように一生懸命仕事しても違いが出るのはなぜでしょう?

会社員は、会社に労働力を提供し見返りとして収入を得ます。この労働力の質(期待される役割)を保証するのが評価であり、評価を下すのが上司の重要な仕事の一つになります。営業組織の場合は、非常にシンプルです。会社や上司が部下に期待する役割は「売上を上げる」ことで、達成の有無がそのまま評価にダイレクトに繋《つな》がる形になります。

もし、この営業マンが、営業活動ではなく顧客のクレームを聞くことに時間の大部分を使っていたとしたらどうでしょう? 長期的な視点では会社にとってプラスになるかもしれませんが、売上を達成できない可能性は高まるでしょう。そうした場合、どんなにこの営業マンが頑張っていたとしても評価されません。なぜなら、会社や上司の「期待値」を下回っているからです。

「評価されない人」の多くが、このように本来注力する必要のある部分ではなく違う場所にエネルギーを使ってしまっています。端的にいうと、頑張るポイントが間違っているのです。

「評価される人」が真っ先に意識する必要があるのは、直接的な評価者である上司の「期待値」です。つまり上司が自分に求めているものを理解するところから始めるのです。最近では、評価面談を年に数回する企業も増えてきましたが、その際に確認するのもよいでしょう。

営業マンの「期待値」であれば、自分やチームに求められる売上目標額になります。プロジェクトであれば、予定された納期や予算を満たすことが「期待値」になります。これらの期待値は、実現可能なもので上司と合意しておくとよいでしょう。実現不可能でアグレッシブな内容で期待値を上げてしまうと、失敗した際に評価が下がってしまうリスクがあります。

なぜ、評価が下がってしまうのでしょうか。それは、上司の上司が大きく関係しています。当然、上司もその上司の期待値を満たす必要があります。上司とあなたが約束した内容も含めて、既に上司とその上司で合意しているかもしれません。期待値を裏切ることは、即ち上司の評価を下げることに繋がるのです。

一方で、期待値を上回った場合はプラスの評価が付きます。だからこそ、しっかりと「期待値のレベルを設定した上でその期待値を超える努力をしてみてください」。

このように、期待値コントロール（Expectation Management）を身に付けることで、あなたの評価はグングンと高まっていきます。

上司の期待値をコントロールすることを覚えたら、次は他のステークホルダー

（関係者）の期待値を考えてみましょう。たとえば、上司の上司、他のチーム、お客様などのステークホルダーは、あなたやあなたの部署に対して何かしらの期待値を持っているはずです。

その期待値を下回るとマイナスの評価が付き、上回るとプラスの評価が付きます。これらを意識してバランスをとりながらプラスを増やしていく能力が、一般的にはマネージャーに求められます。

ぜひ一度機会があれば、各ステークホルダーから期待値をヒアリングしてみてください。自分やチームが取り組まなければならない課題が見えてくるはずです。

期待値コントロールは、転職や異動した際に真っ先にやるのが効果的です。あらかじめ、周りの方の期待値を知って行動するのと知らないで行動するのでは結果が大きく異なります。転職・異動した直後の仕事の進め方も変わってくると思います。

新しい環境でスタートを切る際には、ぜひ「期待値コントロール」を意識してみてください。最高のスタートが切れるはずです。

2

あなたが話したいことだけを話していませんか？

「すいません。課長、少し時間よろしいでしょうか。先日のプロジェクトの件なのですけど。営業から○○という意見が出ていまして。プロジェクトの進捗《しんちょく》も少し遅れ気味で。マーケティングの××さんは、数週間遅れるかもしれないと言っています。私としては間に合うと思うのですが……」

部下が上司にプロジェクトの報告をしています。しかし、最後までこの部下が課長に何をしてほしいのかわかりません。この例は少し極端ですが、日常の会話でも似たケースがあると思います。日々、仕事をしていると色々なことが起こります。様々な関係者が関与して、色々な意見やコメントがあるかもしれません。

思ったことをそのまま口にしていては、相手が混乱するばかりで伝えたいことの10分の1も伝わりません。なぜなら、ほとんどの場合、情報の整理ができていない状態で喋《しゃべ》っているからです。こうした人は、何をしたいのかわからない残念な人として認識され低い評価を得ることになります。

インターネットが発達し、電子メールや携帯電話の登場により情報量は、飛躍的に増えました。近年では、リモートワークを可能とするビデオチャットなども発達したことで、物理的な距離がほとんど障害にならなくなりました。だからこそ、情報をそのまま伝えるだけでなく咀嚼《そしゃく》、整理して伝えることが必要となってきています。

仕事で話を伝える必要がある人は誰でしょうか。上司、部下、同僚、協力会社、お客様などが該当します。プライベートで趣味の話をするのとは異なり、仕事での会話は、大きく二つに分類されます。「情報共有」と「アクション求める会話」です。

仕事での会話では、コミュニケーションをとる相手をしっかりと理解する必要があります。

たとえば、コミュニケーションのタイミングです。この情報は、今この瞬間にこの人に伝えるべき情報でしょうか。今、相手に急ぎの要件があるのではないか等を意識できない人は、仕事のできない人のレッテルが貼られてしまいます。一言、「○○の件で、5分ほどお時間よろしいでしょうか」と先に確認するだけで相手の優先順位に配慮することができます。


「情報共有」については、留意する点が三つあります。

まず一つ目は、本当に共有すべき内容かを精査する必要があるという点です。大企業の社長が会社で起こるすべての事柄について報告を受けていたらキリがないのと同様です。情報過多の世界だからこそ、本当に必要な情報かをしっかりと見極め取捨選択をした上で整理して伝えることが必要です。

二つ目は、客観的な事実であるファクトと個人的な主観であるオピニオンをしっかりと分けることです。事実と主観が混じってしまうと意思決定の妨げになる恐れがあるので可能な限り回避するべきです。

最後に、情報から示唆を出すことです。これは、コンサルタントがよく言うことです。単なる事実の羅列だと、何のために情報共有をしているのかわかりません。「だから何?／So what ?」との問いに答えられるようにしておきましょう。

「アクションを求める会話」については、結論から先に言う癖をつけると良いです。回答する側の立場としては、長い説明の後にアクションを求められるのと比べて、初めに何をしてほしいかを伝えてもらうことで会話の中で必要なポイントを精査することができます。たとえば、「購入するかどうかの判断をいただきたい」と先に言ってもらえたほうが、話を聞くときに確認するポイントが明確になりスムーズに話を進めることができます。

「情報共有」と「アクションを求める会話」いずれの場合であっても、慣れないうちは話す前にメモに箇条書きで書き出す練習をするのが効果的です。書き出すことで自分にとって不明確な部分が明らかになりますし、簡潔に伝えるトレーニングをすることができます。

3

相手が聞きたい情報を伝えていますか？

新入社員として働き始めて報告・連絡・相談のホウレンソウを徹底するように指導をされた方も多いと思います。

もちろん右も左もわからない新入社員であれば、どんな細かいことであってもしっかりとホウレンソウを徹底することでトラブルを未然に防ぐことができます。しかし、2年目3年目になっても同じようにホウレンソウを徹底しているだけでは評価の低い人になってしまいます。それは、なぜでしょうか。

誤解をしないでいただきたいのですが、これはホウレンソウを行なうべきでないということではありません。「ホウレンソウをするべき内容をしっかりと見極める必要がある」ということです。実は、不必要なホウレンソウは、事実として会社に損害を与えているのです。

たとえば、あなたが上司に10分の報告を1日に6回しているとします。年間の労働日数を250日と想定した場合、あなたは、上司を250時間拘束していることになります。上司の年収が1000万円とすると、時給5000円×250時間＝125万円のコストになります。もしチーム全体の会議だった場合はどうでしょう。1時間で数十人分の時間を拘束することになるため、更に大きなコストインパクトになるとご理解いただけると思います。

実際にホウレンソウをコストとして認識することで、どのようにしたら効率的にコミュニケーションをとるべきかを考えることができます。

案件によっては、時間をとってFace to Faceの打ち合わせをする必要があるかもしれませんし、電話やメールで済ますことのできる案件かもしれません。それぞれの案件の重要度と緊急度に合わせて判断することが必要です。

ホウレンソウを効果的に行なうためには、前項で説明したとおり、まずは情報を咀嚼して整理することです。これだけで、ホウレンソウに必要な時間をギュッと圧縮することができます。また共有すべきか悩んだ際は、「相手にとって、知っていないとリスクがあるか？」を自分自身に問うてみるとよいでしょう。

たとえば、相手が上司であれば、業務上のトラブルや他部署からの突発的な依頼などはなるべく早い段階で共有しておいたほうが望ましいです。一方で業務上の細かい内容や庶務的な内容については、割愛しても支障ないでしょう。

もう一つ意識すべきなのは、ホウレンソウの粒度感（細かさのレベル）です。あなたは、ホウレンソウをする際に物事の背景を含めてすべて丁寧に説明していますか？　これは、正解の場合と不正解な場合があります。すべては、相手が既に知っている情報量に依存するのです。

あなたの上司を例に考えてみましょう。あなたの上司は、あなた以外にその他のチームメンバーの業務についても見ています。見えないところで、他部署とやりとりをしているかもしれません。あなたが思う以上に色々なことについて知っているかもしれません。もし、あなたが報告した内容が既に上司の知っている情報であったとしたらどうでしょう。お互いにとって時間の無駄となってしまいます。一方で、知らない内容であれば詳細を聞かなくては内容を理解できないかもしれません。それでは、どのように対応したらよいのでしょうか。

答えは、非常にシンプルです。「情報の粒度（細かさ）については、相手に決めてもらう」のです。最低限の説明に留めて、細かい経緯や補足説明を割愛してホウレンソウをなるべく簡潔に行なうことを意識してください。

相手が既に知っている内容であれば、会話はそこで終わります。もし知らない内容であれば、相手に質問をされた際に詳細を話すように心がければスムーズに話を進めることができます。あらかじめ、詳細や補足説明を別紙としてメールで送付しておくのも良い方法です。

この手法は、会社の社長や役員など時間が限られている方と話すときにも有効です。重要なポイントのみを話し、相手からの質問に即座に回答できる用意がしっかりとできていれば相手から絶大な信頼を得ることができます。ぜひ、試してみてください。

4

相手と同じ目線で話をしていますか？

「電車の中でお年寄りに席を譲らない人」や「大音量で音楽を流している車」を見てイライラした経験は、ありますか？　なぜこのような行為をする人を見たときにイライラするのでしょうか。

それは、恐らく自分だったらしない、不適切な行為だという「自分基準」があるからです。

一方で、実際に迷惑行為を行なっている人の立場になると、ご自身は問題ない、許容範囲だと認識しているかもしれません。これもその人の「自分基準」です。

人は、それぞれ異なった価値観や考え方を持っています。普段、意識しないと「自分基準」がすべて正しいと誤認してしまうことがあります。それがミスコミュニケーションを生む要因になっているのです。

「この程度ならわかるだろう」「知っていて当然」などの思い込みを持っていると誤解が生じたり、話が平行線のまま前に進めることが困難になってしまったりする場合があります。

長年連れ添った夫婦や師弟関係のようなビジネスパートナーであれば、阿吽《あうん》の呼吸で物事を進めることができるかもしれませんが、すべての人と同じレベルで親密になるのは不可能です。

そこで意識していただきたいのが、「話をする前に相手と目線を合わせる」ことです。お互いの考え方、基準や理解度に違いがあるのを認めた上で、ギャップを埋める作業を意図的に行なうのです。

具体的には、重要な言葉の定義、前提や目的といった内容をあらかじめ確認しておくのです。

こちらは、毎回毎回行なう必要はありません。話をしたことのない方に初めて話をする際や大人数での打ち合わせを実施する際に行ない、二回目以降はその経験を元にレベル感を調整していけば問題ありません。

子どもを相手に説明をするのをイメージしていただけると非常にわかりやすいです。

子どもに「飛行機は、なぜ飛ぶことができるのか?」と質問をされて、物理の法則や空気抵抗の話をしたとしても理解できるはずがありません。子どものレベルに合わせて説明するのであれば、「ジェットエンジンが加速してそのスピードで空を飛ぶ」程度の説明で十分です。

一方で、大学の理工学部に通う学生に対して説明するのであればこの回答では不十分です。複雑な計算式や物理理論で説明する必要があるかもしれません。

この例では、子どもと理系の学生の理解度のレベルは客観的にわかりやすい状態でした。しかし一般社会では、理解度を瞬時に判断することは容易ではありません。

相手と同じ目線で話をするためには、どうしたらよいのでしょうか。

答えは、簡単です。

いきなり詳細から話すのではなく、まず簡略化した全体像から話をすることを意識することです。詳細の内容は複雑な場合が多いので、比較的簡単な大枠から話を進め相手の理解を確認しつつ前に進めていきます。

この手法は、理解度の異なる方が多く出席している会議等でも有効です。全員で大枠の内容を共有したのちに本題に入ることで、全員の目線がそろった状態でスムーズに議論を進めていくことができるのです。

コミュニケーションがうまくとれていないと感じたら、相手と自分の目線が合っているか一度確認してみるとよいでしょう。

★コラム①

期待値を意識した面接対策

日ごろの仕事でも、評価者である上司や関係部署の方々の期待値を意識することは、非常に大切です。「評価者の期待値」を上回ることで、出世や昇給に繋がっていきます。つまり、既存の仕事での期待値コントロールは中長期的にあなたに利益をもたらすのです。

一方で、転職活動の面接での期待値は意味合いが少し異なります。面接でヒアリングされた「あなたの提供できると思われる期待値」がそのままあなたの評価になりオファー時の年収に反映されることになります。そのため、転職活動の面接の際に、期待値を意識するとしないとでは大きな差が出てくるのです。

通常、中途採用の場合だと面接時間は30分から1時間程度です。面接官は、限られた時間のなかで、候補者の合否を決定する必要があります。採用を決める以上は、簡単に解雇はできません。そのため、採用側も非常に真剣です。それでは、面接官の候補者に対する期待値はどこにあるでしょうか。

簡単にいうと「募集しているポジションの業務を遂行する知識や能力を保有しているか」を基準に面接を行なっています。そのため、今までの経験を根拠として、募集しているポジションに対し面接官が期待する以上の価値を提供できることを示せれば面接に合格することができます。

中途面接を受ける候補者は、働いていた企業で様々な経験を積んだ上で面接を受けに来ています。限られた時間のなかで、すべての経験やエピソードを語ることは不可能です。ここで、自分を「高く売る」ためには、応募しているポジションに対し、これまでの経験をどのように活かすことができるかを考え、無数ある経験のなかから選び論理的に伝える必要があります。

何も準備をしないまま面接に臨んだとしても、スラスラと答えが出てくるものではありません。しっかりと事前準備をした上で、最も自分を魅力的に見せることができるエピソードを用意するようにしましょう。

エピソードを語るときに重要なのは、「経験の再現性」です。入社後に前職と同じような成果を確実に上げられることをしっかりと説明できる候補者は面接官にとって非常に魅力的に映ります。

候補者が応募するポジションの職務内容を遂行する能力を有していることを確認するのは、最も重要なポイントです。しかし、これが面接官の期待値のすべてではありません。いくつか例を挙げてみましょう。

一緒に働く以上は、能力があっても非常識な人とは働きたいと思わないものです。そのため、挨拶《あいさつ》、服装、言葉遣いなどの「一般的な社会常識」をある程度は理解していることも面接官は期待しています。

稀に面接に遅刻してくる候補者やヨレヨレのスーツで面接に来る候補者もいます。このような候補者には、残念ですが面接が始まる前から、マイナスの評価が付いてしまいます。

どちらのケースもあらかじめ、対応することができたはずです。予定よりも30分早く到着することも調整できるはずですし、スーツをクリーニングに出しておくこともできたはずです。


その他に私が企業側で採用の面接官をしていた際に、よく聞いていたのは「当社について、どんなことを知っていますか?」という質問です。ここでの私の期待値は、「真剣に入社したいと思っている候補者であれば会社のことをしっかりと調べているので簡単に答えることができるはず」です。

更にいうのであれば、即戦力として期待される中途採用の候補者であればその領域の専門家としての意見についても述べることを期待されています。

応募する求人について、転職エージェントに確認するのはもちろんですが、その会社の関係者が書いた記事や関連する本を読む、業界関係者にヒアリングする、有価証券報告書を読むなど、やれることはいくらでもあります。

面接の際に、これらの内容を盛り込むだけで印象がガラッと変わってくるのです。

文字にすると当たり前のことのように感じますが、できていない方が非常に多いのが実情です。プレゼンテーションの成功は、準備で8割が決まると言われています。過去に転職活動をされたことがある方は、ここまで準備をした上で面接に臨まれたでしょうか。ご自身を「高く売った」方であれば、ここまで対応されたはずです。

企業に入ると昇給するには長い時間が掛かることが一般的ですが、転職であれば面接の結果次第で年収が100万単位で変わってきます。多くの場合、翌年以降も年収が下がることはありません。そう考えるといかに費用対効果の高い時間投資であるかがご理解いただけると思います。

転職でも評価面談でも同様ですが、面接官の「期待値」をどのように上回ることができるかをつねに意識して面接に臨んでいただければと思います。

第2章

今の会社での評価を上げるキャリア戦略

〜部屋の中で、何ができるか?〜

1

部屋の中でも成長できる

「部屋の中」は、あなたの現在の仕事や職場環境を表しています。

1年前の自分から見て現在の自分は成長しているでしょうか。それとも、ほとんど変わっていないでしょうか。自分の「期待値」を超えることができているでしょうか。


新しい仕事を始めるとすべてが新鮮で覚えることが多く、大変ではありますが自分の成長を日々実感することができます。しかし、2年、3年と同じ職場で働いていると業務がパターン化されてしまい仕事を始めたときと比べ新しいことを学ぶ機会が減り、成長のスピードは鈍化していきます。

ある程度の仕事を淡々とこなすことができるようになり、気がつくと自分に指導をしてくれる人は誰もいない状態になっています。

刺激のない毎日のなかでモチベーションが下がり、「今の職場では、もう成長できない」「今の職場でやれることは、全部やった」「なぜ会社は、自分にチャンスを与えてくれないのか」と考える人が増えてきます。実際に転職を希望する方からよく聞く転職理由です。

しかし、私はこの考え方は見直すべきだと強く思います。

人は、どんな環境であってもつねに成長し続けることができます。

最初は、誰もが上司や先輩から指導してもらう生徒の立場からスタートします。いずれ、生徒は先輩や上司になり生徒を指導する立場になります。教えるなかで学びもありますし、自らも仕事のなかで課題を見つけて解決策を模索していく必要があります。

「今の職場では、もう成長できない」と感じている方は、指導してもらう生徒の立場で時間が止まってしまっているのです。本当の学びや成長は、ある程度知識を身に付けてから始まるのです。

自発的に課題を見つけて解決策を模索できる人であれば、「今の職場でやれることは、全部やった」と思うことはないはずです。プロセス改善や新規の提案など、やりたいことがたくさんあり、新しい取り組みを成功させるためにワクワクしているはずです。

「新しいことにチャレンジしてみたいけど、マネージャーじゃないからできない」

「意見を出しても通るわけがない」

と思っている方もいるかもしれません。

しかし、新しいことにチャレンジするのに役職は関係ありません。マネージャーに積極的に提案することもできますし、リーダーシップを発揮してチームメンバーを巻き込みチーム全体の意見として提案することもできます。

社内の提案が100%通ることは、ほとんどありません。意見が通らないのであれば、どうやったら通すことができるかを真剣に検討することに意味があります。

自発的に課題を見つけて、解決策を提案・実行できる人は、決して多くありません。ですから、これができる人であれば社内から評価されるのは間違いありません。それにより、新しいチャンスやチャレンジが黙っていても集まってきます。

仕事ができる人のところに良い仕事は集まってくるのです。与えられた役割（ポジション）のなかで、自分の色をドンドン出していきましょう。誰でもできる仕事をするのではなく、自分にしかできない仕事をすることで付加価値のある人間になることを目指してください。

2 自分を変える／自分から変わる

人は、満たされない生き物であると言われることがあります。そして誰もが現状に対して、何かしらの不満を感じています。

職場の同僚、上司や取引先との関係、仕事の内容、プライベートに至るまで不満の形は千差万別です。

これらの不満は、基本的に一人で完結するものではなく他人と関わることによって生じます。自分の「期待値」に相手が達していないから不満を感じるのです。この不満をどのように解決するのが、最も効果的でしょうか。例を見ながら考えてみましょう。

〈例〉「あなたは、新しく配属して来た新人の教育担当になりました。この新人は、何度も何度も同じミスを繰り返し注意しても改善しません。あなたは、どのように対応するべきでしょうか」

選択肢は、複数あります。

直球の対応策としては、「重要なことなので、ガツンと説教をする」になります。部下や後輩の指導をした方であれば、ご存じだと思いますが怒るというのはエネルギーを相当に使います。しかも、相手のことを思って指導したとしても意図が伝わらずモチベーションを下げる要因となり、ヘソを曲げてしまう可能性もあります。

リスクがある一方で新人が改善する保証はどこにもありません。そのため、この直球アプローチは積極的にお勧めできません。

ここで私がお勧めしたい方法は、「自分を変える」ことです。

このケースでは不満の対象は「ミスを繰り返す新人」です。「達成したい目的」と「自らの反省点」の二つの観点で物事を考えていきましょう。

このケースでは、あなたの「達成したい目的」は、新人がミスを繰り返さないように改善することです。モチベーションを下げることでも、彼を叱ることでもありません。

また、何度も同じミスが発生するというのは、直接的には新人の過失ですが同時に指導が適切ではなかったことも考えられます。そのため、「自らの反省点」についても振り返ってください。どんなプロのトレーナーであっても100％完璧な指導などあり得ません。教える生徒が変われば、指導方法も合わせて調整する必要があるのです。

これらの点を踏まえて、自らの指導方法を変えることができれば、新人の業務も改善できる可能性が高まります。また新人の行動に依存するやり方ではなく、自らを変えるやり方であれば確実に実行することができるのです。

指導以外でも「自分を変える」アプローチは、非常に有効です。職場で誰かに仕事を依頼することは、頻繁に発生すると思います。その際に、なかなか対応してもらえず困っているとします。この場合も同様に「達成したい目的」と「自らの反省点」を考えます。

「達成したい目的」は、納期までに依頼した仕事を完了してもらうことです。「自らの反省点」は、自分の依頼するタイミングやお願いの仕方などを見直してみることです。余裕をもって依頼するだけで、受け取る側は仕事の調整が楽になります。最後にありがとうのお礼とコーヒーをご馳走《ちそう》するだけで、またお手伝いしようと思ってくれるでしょう。

相手の不満を口にするだけなら誰でもできますが、状況は、何も変わりません。しかし、自分自身を変えることで周りの人に影響を与えることは可能です。繰り返しになりますが、何事も100％の人は存在しません。そして、物事を今よりも少し良くすることは誰にでもできます。

ぜひ、一歩下がって自分自身を客観的に見てください。自分を更に成長させてくれるヒントがそこにあるはずです。

3

自分を鍛える／1万時間の法則

どんなに優秀なマネージャーやベテラン社員であっても誰もが最初からトッププレーヤーだったわけではありません。当然、下積み時代を過ごした結果として現在のポジションにいるのです。

「石の上にも三年」という言葉があるように、プロになるには1万時間かかると言われます。一般的な企業で考えると、8時間勤務×250営業日×5年=10,000時間になります。

実際に入社5年目の社員は中堅社員と呼ばれ、業務の中核を担っています。この5年は、あくまでも目安です。業務量が多い場合や個人で仕事に関する勉強等をしている場合は、5年より早く一人前になることもあります。

転職市場でも、3~5年目の社員で同じ業界・業種であれば経験者としてより良い待遇で迎えられる可能性が高いのが現状です。

まずは、「特定の領域」で1万時間を消費することを考えましょう。さまざまなことに手を出すと、キャリアやスキルの分散投資になってしまいます。これは、非常に効率の悪い投資です。

たとえば、5年間で英語をしっかりと学びビジネスで英語を使えるレベルになったAさんと、5年間で英語、中国語、フランス語を初級程度使えるようになったBさんのどちらのほうのマーケットバリューが高いでしょうか？　明らかに英語をビジネスレベルで使えるAさんです。

時間の使い方ひとつでマーケットでのあなたの価値は大きく変わるのです。

ビジネスマンは、つねに多忙です。仕事、家庭、つきあいなど時間がいくらあっても足りません。「貴重な時間を何に投資して何に投資しないのか？」を見極め、選択と集中をすることが非常に重要です。

自分のキャリアに不安を持った方が、とりあえず英語や簿記に手を出したとしても、英語を使った仕事をやらない場合や経理に関する仕事をしない場合は、せっかく身に付けた知識も宝の持ち腐れになってしまいます。

まず投資すべきなのは、自分の仕事に直結するスキルです。営業であれば、コミュニケーションやプレゼンテーションスキルを磨くのも良い選択肢でしょう。もしくは、営業に必要な専門知識を学ぶことも売上を伸ばす大きな武器となります。

学んだスキルを使い込むことで、学んだ知識があなたの本当のスキルとなり体に染みついてきます。

しかし、座学知識だけで1万時間を達成するのは、至難の業です。それでは、業務と関連したスキルの場合はどうでしょう？ ＯＪＴ（on the job training）により、職場で働きながら経験値を効率よく積むことで1万時間の領域に素早く到達することが可能です。

また取得できる経験値は、一つだけとは限りません。たとえば、英語でプレゼンテーションスキルのトレーニングをすることでそれぞれの経験値を同時に得ることができます。

このように必要な経験値を早く学ぶことにより、仕事の効率も上がり、空いた時間で更に学ぶことができる非常に良い循環を生むことができます。私の知る限り、成功している方の多くは早い段階でこの事実に気がつき、意図的にこの好循環の波に乗り成長を加速させています。

今、あなたがキャリアアップのために学ぼうとしているスキルは、現在の仕事にすぐに活かせるスキルですか？　もしそうでないなら、仕事に関連するスキルに変更することをお勧めします。もしくは、スキルを身に付けるためのポジションに異動することを考えましょう。

知識のインプットと実践でのアウトプットを何度も繰り返すことです。それが自分自身のビジネスパーソンとしての戦闘力とマーケットバリューを高める近道になります。

★コラム②

セルフブランディング

あなたは、周りからどのような人だと言われることがありますか？　積極的な人、話しやすい人、優秀な人などのポジティブな意見の他に消極的、話しにくい、プライドが高すぎるなど様々な答えが返ってくると思います。これらは、今までのあなたの行動による結果なのです。

「人の印象なんて関係ない。しっかりと仕事をしていればいいじゃないか」と考えている方も多いと思いますが、周りがあなたに対して持つ印象によって得をする場合と損をする場合があるので注意が必要です。

たとえば、普段あまり接することのない会社の同僚と初めて仕事をするとします。この同僚が周りからあなたに関するマイナスの話ばかりを聞かされていた場合、最初から非協力的な態度で接してくるかもしれません。一方で非常に優秀だという前評判を聞かされていたならば前者と比べて好意的に受け取られる可能性が高くなります。

印象は、決して表立った評価にはなりませんが社内での昇進や異動でも大きな影響を与えることがあります。

マネージャーに昇進させる候補者が複数人いるときに他の部署のマネージャーや部長から候補者に関する意見を求める可能性もあります。そのため、スピード出世している方を見ると成果を出しているのはもちろんですが、社内の他部署からも良い評価（印象）を受けています。

少しでも良い印象を周りに与えるためには、「結果としての印象」から「意図的に好印象を演出」する戦略に方向転換することが一番です。自分自身を一つの商品（ブランド）のように扱い、様々な方に対してブランドのイメージを伝えていくのです。

実際のブランドを例に考えてみましょう。世界的なスーツケースメーカーでサムソナイトという会社があります。私が消費者として持つ、サムソナイトのイメージは、頑丈で軽量のスーツケースを作っている会社です。実際にホームページを拝見すると最軽量、驚きの衝撃耐性などの単語が目につきます。サムソナイトにかかわらず、すべてのブランドは消費者を見ています。

消費者にどのような印象を持ってもらいたいかを考えた上で、様々なマーケティング施策に落とし込んでいくのです。

またブランドイメージを確立させることで、ブランドそのものが安心、安全、そして品質の保証をすることになります。サムソナイト製であれば、基本的に軽量で頑丈であるから安心して買えると消費者に思ってもらえるのです。

それでは、話を個人のブランディングに戻しましょう。まず考える必要があるのは「セルフブランディングの目的」です。通常のブランドでは、ターゲットとするセグメントの消費者に商品を購入していただくという明確な目的があります。

セルフブランディングの場合は、各個人によって目的が異なります。会社員であれば、マネージャーに昇格するためや別の部署に異動するためかもしれません。個人事業主であればクライアントから案件をとるためかもしれません。目的を明確に意識した後に、「自分がどのように見られたいか」を検討していきます。

マネージャーに昇格することがセルフブランディングの目的であるのであれば、マネージャーとしての役割を果たせることをアピールすることが効果的です。他部署との打ち合わせでファシリテーターを担当してもよいかもしれませんし、自主的にチームの改善活動のリーダーに立候補する、上司の代わりに会議資料を作るなどマネージャーとしての資質をアピールするべきです。

逆に事務処理能力や財務会計知識などをアピールするのは、経理に異動を志望するには効果的かもしれませんが、マネージャーに昇格することを目的とした場合、直接的にプラス評価には繋がりません。

実際、セルフブランディングを効果的に活用しているのは一握りの方だけです。まずは、自分の目的に合わせて相手にどんな印象を持ってほしいかを考えてください。自分自身に簡単なタグラインやキャッチフレーズを考えてもよいです。あなたが意識的に周りに与えた印象が、新しいチャンスを運んできてくれるはずです。

4 自分よりも優れている人を真似る

学校を始めとする教育システムが世界的に確立してきたのは、ここ100～200年のことです。教育システムの発展と共に経営のプロ、料理のプロ、教育のプロ、医療のプロなど様々な分野でのプロフェッショナルを短期的に育成することが可能になりました。

これらの教育システムの特徴は、ある一定レベルまでプロフェッショナルを育成することを目的としており、プロフェッショナルの頂点である一流を育成することを目的とはしていないことです。

そもそも一流の定義は、一つではありません。それぞれのプロフェッショナルが目指す方向性によって、必要な技能やスタイルが異なるのです。

スポーツ選手や料理人が良い例です。一定の基礎に関しては、クラブや学校等で習得します。しかし、基礎習得後は、プロフェッショナルとして個性を伸ばし一流を目指して日々精進していくのです。

技能レベルの高い集団の中で、更なる高みを目指すために一流と呼ばれるスポーツ選手や職人は、自分と先輩や師匠との僅《わず》かな差を埋めるための努力を繰り返しています。

その最も有効な方法の一つが「技術を盗む」ことです。

伝統工芸の世界では、体系的に教育を行なうのではなく師匠に弟子入りして師匠の仕事を何度も繰り返し見ることで技術を習得するといいます。

特に技術が必要な作業に関しては、工程ごとの得意、不得意によって各職人の技術力にバラツキがあります。その場合は、最も優れた技術を持つ職人を基準にし自分の技能を高めていくことにより理想に少しずつ近づけていくのです。

ビジネスの世界においても同様のことがいえます。

プレゼンテーションやファシリテーションを始め、営業でのセールストークやクロージングなど日々の業務のなかでも他の社員と比べて優秀と思える人は周りにいるはずです。

会社の社長やトップの営業であったとしても、自分よりも優れているスキルを持った方は必ずいます。

つねに謙虚に新しいことを学ぶ姿勢を持つことは、学問の基本であると同時に成長し続けるためには紛《まぎ》れもなく必要な考え方です。


このように自分の周りにいる人の優れた側面に注目するのが最も健全な考え方ですが、一方で能力の低い上司と仕事をすることもあると思います。その際は、その方がなぜそのポジションにいるのかを考えてみるといいです。

役職が与えられている以上は、あなたの見えていないところで、何か評価されるポイントが必ずあるはずです。そこにあなたの成長のヒントがあるかもしれません。

また、反面教師として、その上司を活用することもできます。反面教師の失敗を通じて、将来の自分の行動を正すことができれば「優れた人を真似る」のと同じ効果を得ることができます。「私だったら……」という視点を持ち続けてください。

プロフェッショナルから一流のプロフェッショナルになる方法は、日々の成長と進化を繰り返すしかありません。他のプロフェッショナルの優れた要素を吸収し、反面教師を活用して未来の自分の行動を律し、自分自身を強化することで理想の自分に近づいていくことができます。

理想の自分に近づけば、職場での高い評価を得ることに繋がっていきます。ぜひ、理想の自分を手に入れてください。

5

自分を差別化する

あなたの会社の同僚に「同僚について話してください」と質問をしたときにあなたの名前は、話に挙がるでしょうか。

もちろん席が隣であるとか、仕事で頻繁にやりとりをされている方であれば名前を挙げてもらうことができるかもしれません。しかし、多くの場合は「その他、大勢」に分類されてしまい、名前を挙げてもらえません。

頻繁に名前を挙げてもらえる方とそうでない方の違いは、それぞれの持つ個性の強さによるものです。

小学生時代を思い出してください。かけっこの速い男子は、足が速いというだけで注目されました。頭が良くつねにテストで100点をとっている秀才も、容姿端麗なクラスのアイドル的な存在も、同じく注目されました。

多くの場合、クラスメートに比べて発言権を持つようになり、結果としてリーダー的な存在となっていきます。

社会に出てもまったく同じです。一芸に秀でた方は社内外での認知度が上がり、人よりも多くのチャンスが回ってきます。しかし、一芸に秀でるには才能が必要です。

それでは、特別な才能のない人はどうしたらよいのでしょうか。ヒントは、分数の掛け算にあります。

10人に1人が持っているスキルであれば、少し珍しい程度です。しかし、10人に1人が持っている別のスキルを併せ持つ方は、非常に珍しいため付加価値が上がります。

計算をすると「10分の1×10分の1＝100分の1」となります。つまり100人に1人の存在になることができるのです。

たとえば、物流のことに詳しい人はマーケットに大勢います。物流会社やメーカーの物流部に在籍している方などです。しかし、ビジネスレベルで英語を使える人という条件が加わることで、該当する方は大きく絞られることになります。物流業界では、国内を中心とした仕事が多く、英語を積極的に使う機会のある職種は限られるからです。

ここにビジネスレベルの中国語を扱える、システム構築ができるなどの条件を加えれば加えるほどレアな人材となり、貴重な人材として会社から重宝されると同時にマーケットでの価値も上がっていきます。

一つひとつのスキルが特別に秀でているわけではないのに、なぜ会社から重宝されるのでしょうか。それには、二つの理由があります。

まず一つ目は、「様々なことに対応できる汎用性の高い人間」だからです。

ビジネスが変化するスピードは、過去に比べて圧倒的に速くなりました。企業の合併、倒産、撤退を始め、消費者ニーズやトレンドの変化は、ビジネスの世界にも大きな影響を与えています。そのような状況のなか、変化に伴い役割を柔軟に変えることのできる人材は企業にとって非常にありがたい存在です。

営業とシステム構築の両方をできる人間であれば、営業のニーズが高いときには営業として働き、システム構築のニーズが高いときはシステム担当として働くなど柔軟な配置をすることができます。経営側としては、営業だけ、システムだけの社員と比べて圧倒的に魅力的な人材になるのです。

二つ目は、「複数のスキルセットが必要な特殊案件に1人で対応できる」ことです。

営業経験者とシステム経験者を別々に探すことは決して難しいことではありません。しかし新しい営業システム案件を2人に対応させる場合、人件費が2倍掛かるだけでなくお互いがお互いの領域の内容を理解するために時間を要します。

最初から両方のスキルを兼ね備えた方にすべてを任せたほうが会社としても早く、そしてスムーズに対処することができます。加速をし続けているビジネスの変化に素早く対応できなくては、競合他社との競争を勝ち抜くことはできないのです。

ここまでは、具体的なスキルセットの組み合わせで希少性の高い人間になり差別化することについて説明してきました。もちろん専門的な知識であるハードスキルだけでなく、ヒューマンスキルであるソフトスキルでも他人と差別化することができます。簡単にいうと良い意味で目立つことを意識することです。

たとえば、人より早く出社する、会議で積極的に発言をする、自分から議事録をとる、人が敬遠する仕事をするなどです。上司を連れて取引先を訪問する際に、取引先のキーパーソン、直近の取引内容、関心事などをまとめたA４一枚の資料を渡すなど自発的に行動すれば営業としての株を上げることができます。

一方で、営業の成績が期待値を下回っているのであれば意味がありません。重要なのは、必要なことをしっかりとやった上で、他の人と違うことをやるということです。

外資系企業では、「エクストラワンマイル」という言葉があります。直訳すると「追加の１マイル」ですが、「ただやるだけではなく、プラスアルファをやる」という意味で使われます。この「エクストラワンマイル」が他人との差別化になるのです。ぜひ、日々の仕事のなかで「エクストラワンマイル」として何を提供できるか考えてみてください。

6

自分を売り込む

英語で昇進のことをプロモーションといいます。マーケティングで使うプロモーションと同じ単語です。

マーケティングにおけるプロモーションとは、消費者に製品、あるいはサービスを意識させ、販売を促進するための活動のことです。

マーケティングでの定義を踏まえると、昇進を意味するプロモーションは、単なる昇進を意味するのではなく「自分という商品をプロモートした（売り込んだ）」結果の昇進だと読み解くことができます。実に実力主義が根づいている西洋らしい考え方です。

第1章でも触れましたが、効果的に自分を売り込むためには「評価をしているのは、誰なのか?」を明確にする必要があります。

昇進ということであれば、直属の上司、部門長、人事部などが挙げられます。異動であれば、行きたい部署の部門長や人事部がターゲットになります。また転職であれば、採用マネージャーや採用先の人事部などがターゲットになります。

売り込み先であるターゲットが明確になったら、次にターゲットから引き出したい行動について考えます。「セルフブランディングの目的」と考え方は、同じです。

現在より上の職位に昇格させてほしい、別の部署に異動させてほしい、中途で採用してほしいなど目的は、人によって様々です。目的に合わせて、自分という商品を売り込んでいきます。

ライバルよりも魅力的に自分を売るためにはライバルとは違う差別化した要素を中心にアピールするのが効果的です。

家電量販店をイメージしてください。新しいスマートフォンを買う際に、アプリや電話が使えますといった当たり前の説明は必要ありません。大抵の場合は、他の機種と比べてカメラの画質が良い、スクリーンの解像度が高い、電池の持ち時間が長いなど優れている点を差別化要素として集中的にアピールしています。

売り込み先に、あなたができることと新しいことに対応できるポテンシャルがあることを示せれば、高く買ってもらえる確率は高まります。繰り返しになりますが、マーケティング活動とまったく同じです。

購入してもらう消費者（売り込み先）に対して、この商品（自分）は、あれもこれもできるのでお買い得ですよとアピールするのです。具体的な経験を根拠とすることで、説得力のある説明ができます。

派遣社員の売り込みを例に考えてみましょう。

「彼女は、過去にアパレル業界で営業経験があり、御社と同じシステムを使っていたので即戦力として活躍できると思います」

どうでしょうか。採用側としては、過去の経験をアピールしてもらうことで、実際にこの派遣社員が即戦力として働いている姿を容易にイメージすることができます。

一方で、ポテンシャルに関してはこれまでの経験を直接的な根拠とすることが困難です。そこで、対象業務に関連する要素を因数分解して、それぞれの要素に対して過去の経験を根拠として示すことで、活躍できることをアピールしていきます。

マネージャーへの昇格が一番よくある例です。

マネージャーに昇格する社員は、それまで一般社員として働いておりマネージャーとしての経験はありません。そのため、マネージャーとしてのポテンシャルを関連する要素ごとに評価することが一般的です。予算管理、労務管理、レポーティング、戦略立案などの経験は、リーダー層やプロジェクトマネージャーであっても経験を積むことができます。また上司が不在の際に、代行として業務をこなす機会もあると思います。

これらの経験を根拠とすることでマネージャーとしての資質を示すのです。逆にいえば、予算管理の経験がなければ上司の予算管理をサポートすることを打診してみるなど自発的に動くことで、部分的にマネージャーとしての経験を先に積むことも可能なのです。

売り込み先であるターゲットにいくらアピールしてもあなたに対して興味を示さずにいわゆる「暖簾《のれん》に腕押し」の状態であれば、どうすればいいのでしょう。

自分自身と異なり他人を変えることは、決して簡単なことではありません。

だからといって、あきらめてしまうのは時期尚早です。特に長く勤めている会社であれば、あなたは関連部署も含めて様々な人的ネットワークを保有しているはずです。

会社は、組織で仕事をしているため周りからの意見にも一定の配慮を払う必要があります。そのため、ターゲットに影響を与えてくれるインフルエンサーを活用してロビー活動を行なうことをお勧めします。

インフルエンサーとは、影響力が大きい人物を指します。一般的には、企業が有名人、タレントやSNSで多数のフォロワーを持つ一般人に対して商品やサービスを使ってもらい流行を作り出すことを意味しますが、この場合はターゲットに影響を与える社内外の関係者になります。

具体的には、ターゲットと横並びの階級にいる実力者、部門長、役員や重要顧客などがインフルエンサーになり得ます。

これらのインフルエンサーと接触し、仕事を通じてあなたの優秀さをアピールするだけでいいのです。

インフルエンサーとの関係が良好であれば、ターゲットに対して直接的な口添えをお願いしてもいいかもしれません。他部署からの客観的な意見として、ターゲットに伝われればあなたの評価を見直すきっかけになります。効果的に自分を売り込むことで、チャンスを手に入れましょう。

★コラム③

後継者の育成／部下やチームメンバーを売り込む

キャリアを積んでいくと、いつまでも新入社員のときのような一担当者のままではいられません。いつかは、新しいチャレンジをするために現在のポジションから離れる日が必ずやってきます。

これは、転職に限った話ではありません。新しい業務や職責を担当するための異動やマネージャーに昇格する際に、現在の仕事をすべて継続することはほとんどあり得ません。そのため、異動やポジションチェンジの多い外資系企業で働く優秀なマネージャーの多くは、マネージャーとして最も大事な仕事は「後継者の育成」だと口をそろえて言います。

マネージャーは、企業における実働部隊の要です。ではなぜ、優秀なマネージャーの多くが実務ではなく「後継者の育成」が最も重要だと言うのでしょうか。企業側からすれば、事業を安定的に継続することを一番に重視しています。

特定のマネージャーに依存したオペレーションは、そのマネージャーが長期休業、もしくは退職してしまった際に事業が立ち行かなくなってしまうリスクがあります。そのリスクを回避するためにも、No.2としてマネージャーが不在の際にピンチヒッターとしてつねに打席に立てる人間を用意する必要があるのです。

同時に後継者候補としてNo.2となる人間を育てることで、会社として次世代を担う人間を1人でも多く増やすことができます。

また、あなたが現在の業務から抜け出しやすくなるのも会社としては大きなメリットです。No.2に後継者候補の育成を兼ねて、マネージャーとしての通常業務を任せている間にあなたを新しいプロジェクトにアサインするなど会社としても柔軟な動きをとることができるのです。

急遽、欠員が出た際にも大抜擢してもらえるチャンスがあります。そういった意味でも、「候補者の育成」は、会社側だけでなく個人のキャリア開発の側面でも大きな役割を果たすのです。

マネージャーが「候補者の育成」を怠っていると、いざというときに業務が回らなくなってしまいます。

先ほど述べたとおり、企業側としては事業を安定的に継続することをもっとも重視しています。そのためマネージャーが不在で業務が回らない状況であれば企業側としてもマネージャーに新しいチャンスを与え、抜擢することを躊躇《ちゅうちょ》する結果となってしまいます。キャリア的にも決してプラスに働きません。

また、「後継者の育成」は、必ずしもマネージャーに限ったことではありません。持っている仕事をすぐに手放せる準備をしておくことは、新しいチャンスを掴みたい一般社員にとっても同様です。

いつ異動しても業務に支障を出さないためにマニュアル整備を進め、他のメンバーへの教育をあらかじめ計画しておけば新しい業務の打診があった際にすぐに動くことができます。
会社にとって、本当に優秀な人は、抜けたときに「いなくなって困る」と言われるより「忙しいけど、何とかなるね」と言われる人なのです。

ここまでは、「後継者の育成」の意義と重要性について説明してきました。ここからは、部下やチームメンバーをどのように売り込むことができるかを考えていきます。

手順は、既に説明した「自分の売り込み」と同様です。唯一異なる点としては、売り込む対象が自分ではないためキャリアの方向性や個人のブランディングについてあらかじめ部下やチームメンバーにアドバイスを与えた上で共通の認識を持つ必要があります。

キャリアの方向性を元に差別化できる要素、アピールしたい内容を見極めた上で、身に付けるべきスキルや強化すべきスキルを明確にする手伝いをしていくのが理想です。

仮にあなたが、部下にマーケティングの素質があると思いマーケティング部に積極的に売り込みを行ない異動が決まったとしても、部下が実はマーケティングに興味がないのであれば不幸な異動になってしまいます。

たとえ、良かれと思って売り込んだとしても、本人からすれば迷惑かもしれないということを念頭に入れておく必要があります。

あなたが見定める適性は、部下のキャリアにとって有意義なものである可能性は十分にあります。そのため、個人的な見解を含めて部下に伝えた上で、本人の意思を尊重した形で売り込みを行なうことをお勧めします。

「売り込み」は、一種の社内営業です。アピールの資料や実績の準備をするためには、相当の時間を使うことになります。部下の売り込みの場合、上司と部下の両方がある程度の時間を通常業務に加えて投資することが必要となります。

たとえば、あなたの部下にチームの成果を代表として発表させる、または、改善活動をリードさせるなどの役割を与えます。部下が不慣れの場合、上司のあなたが一人で対応するのと比べて多くの時間がかかりますが、育成のためと割り切って考える必要があります。

しかし、何となく担当させるだけでは良い成果を出すことはできません。そこで、上司としてハッキリとメンバーに言いましょう。

「君のことを信頼している。そして頼りにしている。君が社内で更に評価されるようにアピールをしたい。ただ一方で、資料作成や報告など追加の仕事が増えることになる。大変ではあるが、君のことを社内に知ってもらうチャンスなので、受けてほしいと思うが無理強いはしたくない。やるか？　やらないか？　もしやると決めたら、全力でやり切ってくれ。こちらも全力でサポートする」

期待を口にすることは、モチベーションに繋がります。後継者として考えていると本人に伝えるのもよいかもしれません。せっかく、労力を使って売り込みを行なうのであれば、メンバーのモチベーションが上がる形で行ないましょう。そうすることで、予想よりも早く目に見える成果が生まれるはずです。

第3章

転職市場での評価を上げるキャリア戦略

～部屋の外について考える～

1

扉の向こうに広がる弱肉強食の世界

第2章では、現在の職場環境を表す「部屋の中」でどのように成長できるかについて考えてきました。

実は「職場で評価を上げる」技術は、「部屋の外」である転職市場でも求められるスキルになります。むしろ「部屋の中」でこのスキルを身に付けていないと「部屋の外」に出ることは非常に困難です。運良く「部屋の外」に出ることができたとしても自分の価値を上げることができずに、自分を企業に叩き売る結果となってしまいます。

部屋の外につながるそれぞれの扉の向こうには、たくさんの可能性があります。たとえば、別の部署への異動、昇進、転職、起業、退職など様々です。これらは、現在の仕事では、味わうことのできない新しい可能性です。

ここで重要なのは、あなたには選択肢があるという事実です。

あなたが現在、部屋の中（今の職場）にいるのはこれまでにした選択の結果です。これは、変えることのできない事実です。しかし、今のあなたには複数の選択肢があるのです。

私は、転職エージェントとして週に何人もの方から仕事に関する悩みを聞く機会があります。その際にいつも申し上げるのは、複数の可能性についてです。

現職に留まった場合のキャリアパス、A社に転職した場合のキャリアパス、B社に転職した場合のキャリアパスなど選択肢によって違った未来を垣間見ることができます。このように未来に目を向けるだけで、人生の主導権が会社から自分に変わっていく感覚を覚えることができるのです。

複数の扉（選択肢）から一つを選び、先に進むと新しい部屋があります。その部屋にも同じように複数の扉があるのです。

ここで得る新しい選択肢は、以前の選択肢とは異なるものです。新しい経験値を得ることで、選択肢の幅が広がるかもしれません。もしくは、逆に年齢や職位によって選択肢が狭まる可能性もあります。

キャリアは、スゴロクと似ています。ルートを選択すると選べる選択肢が変わってきます。条件を満たしていないと入れないルートもあるでしょう。

ただ自分がたどり着きたいゴールを最初から意識してルート（キャリア）を選んでいけば、ゴールに到達できる可能性はグーンと上がります。そのため、自分が進むべきキャリアの方向性をなるべく早い段階で決めることは、非常に大事です。

「キャリアの主導権を持ち、主体的に自分が進むべき道を決める」

これは、ある意味で企業から自由を取り戻すことだと私は思っています。

一方で、簡単ではないということも認識しておいてください。自分から志願して別の部署に異動した場合や新しい会社に転職した場合を考えてみてください。新しい職場には、新しい職場のルールがあります。

以前は当たり前だった常識が、新しい職場では当たり前ではないことも十分に想定されます。

新しい職場の同僚が、お手並み拝見とばかりに非協力的な態度をとり、嫌がらせをしてくることも考えられます。

どんな場合でも成果を上げなければ評価されないのが、ビジネスの世界です。チームメンバーとの関係構築や仕事の理解など新しい職場では、取り組むべき課題がたくさんあります。通常と比べ大きな負荷が掛かりますが、それ以上に新しい知識や経験による成長を実感できるはずです。

仕事は、あなたの人生の大きな部分を占めています。ぜひ、楽しみながら自分らしいキャリアを築いてください。

2 自分のマーケットでの価値と優位性

第2章では、「自分の差別化」について説明しました。複数のスキルを身に付けることで100人に1人の存在となり、企業にとって魅力的な存在になるのです。ここでは、差別化した自分という商品のマーケットでの価値について考えていきます。

商品の価値は、需要（デマンド）と供給（サプライ）で決まります。市場に供給されている商品の量が欲しいと思っている消費者の需要よりも多ければ、価格が下がります。

その反面、消費者の需要に対して供給量が少なければ商品に希少価値が生まれることで価格は上がります。商品の価値は、マーケットの需要と供給のバランスによって日々変化しているのです。

これは、人材マーケットにおいても同様です。

英語や営業スキルなど、多くの企業に必要とされるスキルを持つ人材の需要は高い傾向にあります。しかし、スワヒリ語や専門的なプログラミング言語など用途が限られるスキルに関しては、一部で高いニーズがある一方で、マーケット全体としては高く求められているスキルではないため、需要はほとんどありません。

供給サイドでは、幼少の頃から英語教育を受けた人材が増えており、またＩＴ企業の台頭により、ＩＴリテラシーの高い人材も増えてきています。それに対して需要サイドではＩＴマーケットやグローバルに活躍する企業も増えているため、相対的に英語やＩＴリテラシーの優秀な人材はともに高い価値を維持しています。

具体的な例を見ながら、人材マーケットの需要と供給について考察してみます。

近年、システム導入、ビジネス再構築、企業統合などのためにコンサルタントを雇用するニーズが高まっています。それを裏づけるように、Ｂｉｇ４（ＰｗＣ・

デロイト・EY・KPMG）と呼ばれる総合コンサルティングファームを始めとする大手コンサル各社は積極的に中途社員を採用しています。

結果として、コンサルタントとしての能力がある人材やポテンシャルのある人材に対するニーズが高まっています。

好景気と不景気は循環するのが世の常です。そのため、不景気になると企業は投資を控えコンサルタントの起用を控えることになります。そうなった場合、逆にコンサルタントの供給過多になり、採用の抑制や整理解雇等が実施される可能性もゼロではありません。

リーマンショックを発端とする景気後退のあおりを受けて、各社が大量にリストラを実施したのを覚えている方も多いでしょう。大勢の求職者が人材マーケットに流れてきたため、企業としては多くの候補者から欲しい人材を選ぶことができました。マーケットでの価値の低い人材の多くは、結果として年収が大幅ダウンでの転職を余儀なくされたと聞きます。

人材マーケットだけでなく、経済や社会の流れを見極めつつ自分の価値を維持する能力を身に付けることが重要です。

次に英語で交渉できる営業マンの例を見てみましょう。

グローバル化が進み、英語を活用する機会は増え続けています。英語を使える若い人材も増えてはいますが、交渉できるレベルで英語を使いこなせる方はまだ少ないのが実情です。そのため、英語で交渉できる営業マンの価値は今後も高いレベルで維持できるでしょう。

ビジネスに求められるスキルは時代に伴い変化してきました。パソコンが登場する前は、タイプライターを使うのに長けている人が重宝されていました。手書きの台帳が主流だった時代は、丁寧に早く字が書ける人は重宝されていたはずです。

トラックやタクシーのドライバーであれば、地図を読む能力が必須でしたがカーナビの登場により必須能力ではなくなりました。

私たちは、目まぐるしく変化する時代に生きています。昭和には存在していなかったスマートフォンは、平成の人の生き方やビジネスを大きく変えました。令和の時代には、更に大きな変化があるかもしれません。

自動運転、ＲＰＡ（ロボティクス・プロセス・オートメーション）による実務の自動化、ＡＩ（人工知能）の台頭によりビジネスマンに求められるスキルは変わってくると思います。

時代が変わっても高い価値を維持しマーケットでの優位性を保つためにも、つねに自分のマーケットでの価値を把握しておいてください。

価値に変動があった場合、優位性を高めるためのアクションをとりましょう。3年ほどあれば、新しいスキルを身に付けることもできます。気づいたときに、手遅れにならないようにマーケットでの立ち位置をつねに意識するようにしてください。

3

「できること」と「やりたいこと」を区別する

新卒で新入社員として企業に入社したばかりの社員の多くは、即戦力と呼ぶには程遠い場合がほとんどです。「仕事ができない」のは、ある意味当たり前なのです。

つい最近まで学生だった新入社員のほとんどは業界未経験、社会人未経験だからです。

それでも、多くの企業は新入社員を継続的に雇用しています。それは、企業にとってメリットがあるからです。

新入社員を投入することで、社内に新しい考えや活気を与えることができます。また継続的に社員を雇用することで、社内の人員構成のバランスを整えると同時に、先輩社員が新入社員の指導を担当するなどのマネージメントを学ぶ育成の機会にもなります。

そのため、新入社員に対しての企業側の期待値は、「社内に活気と新しい風を取り込み、即戦力になるために学ぶこと」を期待されているのです。もちろん、新入社員の年収も企業側の期待値に合わせた設定になっているのは、言うまでもありません。


入社してからの数年間は、仕事ができないのが前提であるため「労働の対価としての報酬」ではなく「活気の対価としての報酬」を貰《もら》っている状態ともいえます。しかし、これが許されるのは新入社員や第二新卒の社員だけです。

本来ビジネスとして仕事をするということは、企業の必要とする労働力を提供し対価としての報酬を得ることを意味します。企業も慈善事業を行なっているわけではない以上、期待を上回る成果を社員に求めるのは当たり前のことです。

特に転職者は、「結果を残す」ことが求められます。そのため多くの候補者の中から選んでもらうには、「やりたい」ではなく「できること」を示すことが必要なのです。

「できること」とは、言い換えると必ず成果を残せるという自信を持つことです。これらは、実際の経験に裏づけられたものでなければなりません。

たとえば、過去に営業職を経験しているのであれば営業の仕事に関しては、「できる」と断言できるはずです。本当に「できる」ことであれば、転職を希望している企業にしっかりとアピールしましょう。しかし、一方でアピールしたからには、それがそのままあなたの仕事に対する期待値になるので注意する必要があります。

やっぱり「できない」では、最悪の場合、試用期間でクビになってしまいます。

最初からすべてを経験した人なんて存在しません。そのため、「やりたい」けど「できない」こともあるはずです。しかし、興味があります！ だけでは、採用してもらえません。

新しい仕事にチャレンジするためには、相手に「この人に任せても大丈夫」と感じてもらうことが必要です。未経験でマーケティングにチャレンジしたければ、関連した分野の資格の勉強や積極的にマーケティング部を手伝い、知識と実績を積むことで、経験者として認識してもらうことは十分に可能です。

「できること」を繰り返すことは、非常に楽なことです。経験もあれば、たとえイレギュラーが発生したとしても深く考えずに対応できることでしょう。

しかしキャリアや仕事の幅を広げるためには、同じことを何年も何年も繰り返しているだけではダメです。やり方を変える、他のチームと連携する、新しいことを始めるなど自分自身が居心地の良い領域（コンフォートゾーン）の外に踏み出す勇気が必要です。

「やりたいこと」を見つけて「できること」を少しずつ増やしていきましょう。そうすれば、「やりたいこと」をすべて「できること」に変えることができるはずです。

★コラム④

ある候補者との面談

【事例1】 ＩＴ営業への転職を検討している元保険営業Ａさんの場合

エージェント：Ａさんは、以前は保険営業をやられていたようですが、なぜＩＴ営業を志望されているのですか？

Ａさん：保険は、無形商材です。実際にモノを販売しているわけではないので形のないアプリケーションを提供しているＩＴ企業の営業職との共通点が多いと考えています。

エージェント：なるほど。以前とは業界が異なりますが、この辺りはどのようにお考えですか？

Ａさん：ＩＴ業界は、今後も拡大していくと言われています。アプリなどの営業に対するニーズは継続すると私は考えています。そのため、このまま保険しか扱ったことのない営業としてキャリアを積み続けるよりも、このタイミングで転職したほうが将来的に幅を広げることができると思っています。営業としてもパターンやスキルも増やせると思いますし……。

この面談で、Ａさんはしっかりとキャリアについて考えていました。自分が「できること」である保険営業をベースに「やりたいこと」であるＩＴ営業に対して、営業や無形商材という共通点を見出しています。「やりたいこと」が現実的なレベルであるのと同時にキャリアの幅を広げることで、将来的な市場価値まで考えていました。この方は、転職活動に軸があり転職後も成功する可能性が高いといえます。

【事例2】 複数企業への転職を検討している元保険営業Bさんの場合

エージェント：Bさんは、以前は保険営業をやられていたようですが、今後はどのような仕事を検討されていますか？

Bさん：そうですね。まだ30代なので、新しいことにチャレンジしたいと思います。マーケティングとかいいですね。他には、経営コンサルや経理の仕事にも興味があります。大手企業でも働いてみたいですが、ベンチャーで働くのも面白そうですね。

エージェント：マーケティングや経理のご経験があるのですか？　資格をとられたとか？

Bさん：資格とかは、特にありません。でも興味とやる気はあります。

この面談で、Bさんはキャリアに迷っていました。おそらく、このままでは転職活動をうまく進めることが難しいでしょう。なぜなら、Bさんのキャリアに対する方向性が曖昧だからです。

20代であれば、第二新卒として新しい分野にチャレンジすることは可能です。しかし30代では、不可能ではありませんがリスクが高いといえます。年収的にも新入社員並みになることを受け入れる必要があります。

本気でマーケティングが「やりたいこと」であれば、現在の職場でマーケティング部に異動希望を出すことやマーケティングに関連する資格を取得することもできます。

この面談のなかで、Bさんが、

「保険営業では、マーケティング部と協力してデータ分析を行なっていました。今後は、この経験を活かし他分野でマーケティングに関して知見を広げたいです」

と回答できる方であれば、実際の採用面接でマーケティング職として採用される確率は格段に上がります。

採用側の立場としても転職の軸が明確でない場合、職場でスキルアップしていく姿がイメージできず、逆に早期に退職してしまうのではないかとネガティブな印象を持ってしまいます。

転職の場合も新卒のときと同様に、面接前に志望動機や自身の強み・弱みをしっかりと書き出し自己分析をした上で明確な「軸」を持って臨むようにしてください。

4
次の部屋での選択肢を考える／5年後、10年後の自分を想像しよう

２０１９年5月、令和の時代を迎えたばかりの日本で衝撃的なニュースが紙面を賑わせました。

トヨタ自動車の豊田章男社長は記者会見で「雇用を続ける企業などへのインセンティブがもう少し出てこないと、なかなか終身雇用を守っていくのは難しい局面に入ってきた」と発言しています。

同時期に経団連の中西宏明会長（日立製作所会長）も、定例会見で、終身雇用について「制度疲労を起こしている。終身雇用を前提にすることが限界になっている」と発言しています。

新しい時代の幕開けは、「企業で働くすべての人はキャリアについて考えるべき」という警鐘で始まったのです。

過去と比べると日本でも転職を選択肢の一つとする方が増えてきました。しか

し、依然として終身雇用の考え方が広く一般的に受け入れられています。日本を代表する世界的な大企業のリーダーが新しい時代の始まりに脱終身雇用制に言及したことで、転職を含めた人材の流動化は更に加速すると思われます。そのなかで、私たちはどうキャリアを築くかを真剣に考えるタイミングに差し掛かっています。

キャリアは、あなただけの物語です。一つとして同じものはありません。あなたは、物語の船頭として行く道を定めて進んでいかなければなりません。複数の選択肢の先を想像してみてください。あなたの突き進む道によって次のキャリアが変わってくるはずです。その上で、もっとも理想に近い選択肢を選んでいくのです。

入社5年目、28歳の物流会社に勤務する営業マンを想像してみてください。彼は、新卒で大手の物流会社に入社しました。倉庫の現場からキャリアをスタートさせ、船の手配を含めた国際輸送に携わっていました。同期のなかでもチャンスに恵まれ、海外法人で勤務することもできました。

この時点で彼には、いくつかの選択肢がありました。それぞれの選択肢のメリットとデメリットについて解説します。

①現在の会社に残り、見識を更に深め管理職を目指す

選択肢①は、変化が最も少なく楽な選択肢です。社内である程度評価をされていれば居心地が良く、将来的に幹部も目指すことができます。一方で、物流会社のみの経験に限定されるため5～10年後に転職を考えた場合、物流会社以外の転職は困難であることが想定されます。

②メーカーの物流部に転職する

選択肢②は、物流会社のお客様である荷主に転職することで物流会社では経験できない知識を得ることができます。5～10年後にもう一度転職を考えた際に物流会社以外にメーカー物流部も選択肢として選ぶことができます。

一方で、デメリットとしてはたとえ物流会社での経験があってもメーカーは初心者のため、下積みからのスタートとなります。

③物流コンサルタントに転職する

選択肢③は、物流会社の経験を活かしコンサルタントとして働くことです。業界知識を活用することができると同時にコンサルタントとしてのスキルを学ぶこともできます。

複数の企業のプロジェクトに参画することで、多くの企業の物流や戦略についても知る機会があり、将来的には、知見を活かしてメーカーの物流マネージャーや部長職を目指すことも可能です。

このとき、彼が選択したのは③番の選択肢でした。その2年後、コンサルタントとして実力を付けた彼は、外資系メーカーの物流部門長となり輸出入・倉庫運営・配送をすべて統括することになりました。

実は、これは私の過去の経験です。当時この選択肢を選んだからこそ、今の自分がいるのです。そして転職の節目ごとに同じようにいくつかのシナリオを描き、一番理想に近い選択肢を選んできました。そして幸運なことに非常に幸せなキャリアを築くことができました。

今日、日本を代表する企業であっても買収の憂き目に遭い、事業再編を余儀なくされ、倒産で姿を消してしまうケースもたくさんあります。終身雇用制が崩壊し始めている今だからこそ、「会社の看板に依存する働き方」から「自らの力で仕事を選ぶ働き方」にシフトすべきです。

家族や生活を守るためには、「実力」を付けることです。社会に必要とされる「実力」を身に付けることができれば、どの会社に行っても生き抜くことができるはずです。

5

扉を開ける覚悟を持つ

人生は、選択の連続です。会社に着ていく服、会社に向かうルート、ランチのメニューなどの日常的なことも、小さな選択肢の積み重ねです。人生のパートナー選びは、プライベートで最も大きな選択の一つです。そして、結婚式の段取りやマイホーム選びなど、次の大きな選択へと続いていくのです。そして、時には自身のキャリアについても決断を下す必要があります。

何かを選ぶことは、何かを失うことと同じです。ですから、大きな決断を下す際には慎重に検討を重ねた上で決めてほしいと求職者の方にお伝えしています。

転職エージェントの立場からすると、少しでも多くの求職者を企業に紹介したいというのは本音です。それは、他のエージェントの方も同様だと思います。

しかし、私自身の転職経験から考えると、実際は良いことばかりではありません。確かに転職すると、仕事内容がガラッと変わります。新たな環境で新しい課題に取り組むのは非常に刺激的な経験です。また、自ら望んで飛び込むと決めたため、自分自身でキャリアを切り開いているという感覚を特に最初の転職で感じると思います。

一方で、思い描いていたとおりにすべてが順調に進むことは稀です。入社後に部署がなくなり別の部署に異動した方や、倒産して仕事を失ってしまった方も私の知人にはいます。なかには、配属先の上司がモンスター上司でつらい思いをした方もいます。

入社前から会社のことを完全に理解することは不可能です。新しい会社での仕事が絶対にうまくいく保証はどこにもありません。新しい職場でうまくいかなかった場合、影響を受けるのはあなただけではありません。あなたの家族や同僚にも少なからず影響を与えます。

転職をするのも、今の会社に残るのも、「最終的に決断を下すのはあなた」です。

転職エージェント、ご家族や同僚など様々な方が色々な意見をあなたに伝えるでしょう。でも繰り返しになりますが、「最終的に決断を下すのはあなた」なのです。そして、決断を下したら何があっても貫く勇気と覚悟を持ってください。

転職活動では、内定が出て終わりではありません。内定後に現在の会社との退職交渉を行なう必要があります。

当然、企業としては即戦力の人材が抜けるため何とか考え直すように説得をしてくることでしょう。

確固たる覚悟を持たずに退職の意向を伝えた場合、うまく丸め込まれてしまい退職する機会を逃してしまったというケースもよく聞きます。特に外資系企業では、退職を引き留めるためにカウンタープロポーザルを提示するケースがあります。

退職を思いとどまってくれたら昇給・昇格を認めるなどの交換条件を会社側が提示してくるのです。会社側からは、「君は当社には必要な人材だ」と甘い台詞を言われる可能性があります。エージェントとしての立場から申し上げると、受けることをお勧めしません。

確かに、カウンタープロポーザルを受けることで一時的に、給料や待遇が上がるかもしれません。しかし、社内では「会社を辞めようとした裏切り者」「いずれ辞める人」として認識されるため決して良い印象は持たれません。

仮に数年後に昇進の候補者として名前が挙がったとしても、辞めようとしていたことが不利な結果をもたらすことは間違いありません。

そもそも、会社として本当に評価してくれているなら退職を伝える前に正当な報酬を提示しているはずです。

「決めたら、突き進め。悩むなら、やめろ。中途半端になるな。」これは、私が転職を決意されたすべての方に伝えたい言葉です。

決めるのは、自分自身です。しっかりと悩んで決めた内容は、他人に何を言われようと変えないことです。

あなたの決断の責任は、最終的にあなたがとる必要があるのだから無責任な他人に決めさせてはダメなのです。

慰留された際、上長に対し「退職は、すでに決めたことです。検討しても結論は変わりません。残された時間でチームのために何ができるかを考えましょう」と議論するほうが明らかに健全であり、残された社員としても助かります。

「立つ鳥跡を濁さず」ということわざにあるように、プロフェッショナルとして最後まで真摯に仕事と向き合ってください。最後こそ、気を抜かずに100％以上の働きをすれば退職後もその会社と良い関係を築けます。

世界は、広いようで狭いです。昨日の同僚が、未来の上司やお客様になることもあり得ます。良い印象を残しておくことは、必ずプラスになります。ちょっとしたことですが、心がけてみてください。

★コラム⑤

キャリアの語源

突然ですが、キャリア（Career）の語源を知っていますか？　実は、ラテン語で二輪台車を表すCarrusが語源と言われています。

Carrusから派生した言葉には、自動車（Car）などがあります。ここからは、私の個人的な解釈ですがキャリアの語源が二輪台車というところにキャリアの本質が隠れているように思います。

二輪台車は、特定の荷物をある場所から別の場所に運ぶことを目的としています。二つの車輪の付いた台車を人が前方の様子を見ながら引っ張って目的地を目指します。二輪台車が通った後には、くっきりと車輪の跡が地面に残るのです。

二輪台車に乗っている荷物は、「キャリアを通じて成し遂げたい目的」。荷物を運ぶ先は、「キャリアにおける目標／なりたいポジション」。それぞれの車輪は、「できること」と「やりたいこと」。その台車を引くあなたは、「キャリアにおける目標」を目指して「複数の選択肢（ルート）」からベストだと思う道を選んで進んでいくのです。

その結果、車輪の跡が一本の道となり、キャリアとなっていくのです。

キャリアに答えはありません。十人十色、すべてが正解ともいえます。

誰にでもこれまでの結果としてのキャリアはあるのです。

しかし、真摯にキャリアに向き合っている人は決して多くないと感じています。

二輪台車に話を戻しましょう。積み荷を引いているあなたは、積み荷を何のために運ぶか、本当に運ぶ必要があるものなのかを考えているでしょうか。本当に今向かっている目的地が正しい目的地なのでしょうか。今進んでいるルートがベストなルートなのでしょうか。

考えれば考えるだけ、様々な選択肢や代替案が浮かんでくるはずです。

キャリアもまったく同じです。自問自答のなかで、可能性を探ってみてください。色々と書き出してみるのもよいでしょう。自分の考えをまとめるために、先輩や家族、信用できる友人に相談してみてもよいでしょう。最終的に自分自身との対話のなかで自分だけのキャリアを見つけてください。

第4章

転職でも職場でも評価を上げるワンランク上の仕事術

1
部屋を出るための鍵

新しい業務を始めるときには、その業務に必要なルールを学ぶことや関係者との人間関係の構築など、しなくてはならないことがたくさんあります。実は、その工程を大幅に短縮する方法があります。その方法は、社外でも通用する汎用的なスキルを使うことです。これらのスキルを早い段階で身に付けフル活用することをおすすめします。

それは、体系立った知識を指す「ハードスキル」とコミュニケーション、語学力、リーダーシップ、ファシリテーションなどを指す「ソフトスキル」に大きく分類されます。これらのスキルは、全てがつねに活用できるものではありません。「社内のみで通用するスキル」と「社外でも通用するスキル」にそれぞれ分けることができます。それでは、詳しくみていきましょう。

まず、「社内のみで通用するスキル」は、特定の会社で働く上で必要なスキルになり、他の会社では使用することができません。

ここでの「ハードスキル」は、社内の承認申請、業務手順、社内で使用する独自システムの運用手順などです。これらを熟知していると社内での動きに関しては優位に立てますが、会社を退職した後に使用することができません。

社内のみで通用する「ソフトスキル」は、社内の各部署に協力を依頼できるネットワークを保有していることなどです。これも現在の会社で仕事を進める上で大きな武器になりますが、会社の外に出てしまうと活用することができません。

このような「社内のみで通用するスキル」は、勤続年数の長いベテラン社員が多く保有しています。多くの場合、これらの経験を持つ社員は有能で成果を出しています。しかし、「社内のみで通用するスキル」に依存する形で成果を上げている場合は、注意が必要です。なぜなら会社の外を飛び出したとき、これらのスキルを使わずに成果を出さなくてはならないからです。

次に「社外でも通用する」スキルについてみていきます。これをポータブルスキルと呼ぶこともあります。たとえ会社を変わったとしても持ち運びのできるスキルです。

社外でも通用する「ハードスキル」は、経理、人事、プログラミング、プロジェクトマネージメントなど広くプロフェショナルに求められる知識を始め、業界に関する知識などがあります。一方で、「ソフトスキル」では、英語を始めとした語学、打ち合わせを取り仕切るファシリテーション、言いたいことを伝えるプレゼンテーションなどがあります。

ここで紹介した「ハードスキル」と「ソフトスキル」は、特定の会社や部署に依存していないため、転職した初日からガンガン活用できるスキルになります。

余談になりますが、経営コンサルタントが重宝されるのは、ポータブルスキルを多く保有しているからです。

それぞれの企業ごとに抱える課題は異なりますが、過去の経験に基づく業界知識や様々なプロジェクトを経て取得した物事を整理して伝える力は、即戦力を必要としている企業にとって非常に魅力的な人材に映ります。そのため、経営コンサルタントは転職市場でも非常に人気があります。

ポータブルスキルで、特に習得をおススメしたいのは「プロジェクトマネージメント」と「プレゼンテーション」の二つのスキルです。どちらのスキルも多くの本が出版されておりここでは簡単に概要のみ説明します。

「プロジェクトマネージメント」を学ぶことで、管理職に必要なスキルを身につけることができます。プロジェクトを担当していない管理職には、関係ないスキルだと思われるかもしれません。しかし、管理職の仕事を「1年間、事業を管理するプロジェクト」の責任者と考えれば、管理職であれば誰でも活用できるスキルだと理解してもらえると思います。

スコープ、コスト、納期、予算、リスク、コミュニケーションなどのプロジェクトマネージメントに必要な要素を知っているだけで、仕事のやり方そのものが変わってくるのです。

体系的にプロジェクトマネージメントを学ぶのであれば、プロジェクトマネージメント協会（Project Management Institute）が行っているPMP(Project Management Professional）の資格を取得するのが一番お勧めです。

学習時間は200時間程度で、体系的にグローバル標準のプロジェクトマネージメントが学べます。以前は、米国でしか受験できませんでしたが、今は日本でも受験できるようになりました。

もう一つの必要不可欠なスキルは「プレゼンテーション」です。

コミュニケーションが重要視される営業やマーケティング以外のポジションでも論理的に物事を説明し、協力を得るすべを身に付けなければより大きな成果を上げられません。特にプレーヤーから管理職になるためには、必ず必要になるスキルです。

効果的に「プレゼンテーション」を行なうには、様々なテクニックがありますが、基本となるのは第1章で説明した内容です。「プレゼンテーション」を行う「相手」と目線を合わせ、「期待値」を意識しながら、あなたの欲しいアクションを引き出すのです。

2

迷った時には、道しるべを探そう／明確な目標を持つ

仕事をする上で、私たちはさまざまな悩みや困難に直面します。キャリアの方向性、仕事の進め方、上司や部下との人間関係など仕事に関する悩みは多種多様です。

キャリアや経験を積むにつれ、今まで見えてこなかった新しい課題や疑問が湧いてきます。可能な限り自分で考える必要もあるのですが、自分の考えだけでは視野が狭くなってしまうため、注意が必要です。

そのようなときは、信用している人に積極的に悩みを話すことをお勧めします。悩みを繰り返し話すことで、話している本人の意見が頭の中で整理されていきます。それだけでも効果的ですが、過去に同じような問題に直面した諸先輩方から解決のヒントを貰うことに意味があります。

今、あなたが直面している悩みは、あなたが世界で初めて直面している悩みではありません。同じような悩みを経験した諸先輩がたくさんいるのです。

彼らも以前は、同じ内容で悩み、答えを出してきました。時には、失敗したかもしれません。そんな彼らに悩みを相談したほうが、一から考えるよりも圧倒的に早く答えを見つけることができるかもしれません。

ここでいう先輩は、決して年齢や勤続年数が上の人ではありません。たとえ年下であったとしても、自分よりも先に悩みに直面した先輩かもしれません。つねに誰からでも学ぼうとする謙虚な姿勢を持つことが大事です。

相談する相手は、可能であれば社外の方にお願いするとよいでしょう。社内の方の場合、会社固有の考え方や政治的な配慮が働いてしまう可能性もゼロではありません。

社内外に「メンター」として継続的に近況報告や助言を受けることのできる方を何人か見つけることができれば、会う度にあなたに新しい気づきを与えてくれます。「メンター」と接することで、人生が豊かになっていきます。

相談できる方が身近にいない場合は、本を通じて著名な経営者やビジネスで成功した人の考え方に触れてみるのもよいでしょう。

本は、その方が人生で得た学びの集大成です。すべての内容が、あなたに当てはまるわけではありませんが、自分ひとりで悩んでいるよりも有益なヒントを見つけることができます。

ヒントを見つけたら、自分の悩みに当てはめてアクションに繋げてみましょう。そうすることで、１５００円の本が数百万の価値を生むかもしれません。

★コラム⑥

理想のマネージャーを想像する

自分の上司だけでなく、周りの管理職を見渡してみるとマネージメントのレベルに個人差があるのを感じると思います。特にこの傾向は、年功序列型の人事システムを導入している日系企業に多いです。

外資系企業やＩＴ企業を除き、多くの企業は30代後半から40代前半にかけてマネージャーに昇格します。マネージャーとしての資質よりもそれまでの経験や功績が評価されるのです。

そのため、資質の部分で管理職としてのレベルにバラツキがあります。また部長職に40代後半から50代前半に昇格したとしてもマネージメントの経験はトータルで10年程度と決して長くはありません。

外資系企業やＩＴ企業の場合、20代でマネージャー、30代前半で部長職、30代後半で役員といった形でマネージメントの資質のある人材は、早い段階でマネージメント経験を積んでいきます。そうすることで、50代になったときにマネージメント経験20年以上のプロフェッショナルが育成されるのです。

一般的な日系企業と比べると管理職としての経験値は、倍以上になります。もちろん、年数がすべてではありません。しかし、「ポジションは、人を育てます」。与えられた役割に応じ、人はその役割に則した考え方や決断力を身に付けていきます。もし将来的に経営層を目指したいのであれば、一刻も早くマネージャーになることをお勧めします。

さて、あなたにとって良いマネージャーとはどのようなマネージャーでしょうか。ここからは、マネージャーの役割について考察していきます。

一般によくある事例として、優秀なプレーヤーが功績を認められてマネージャーに昇格するケースがあります。しかし、優秀なプレーヤーが必ずしも優秀なマネージャーになれるわけではありません。それは、第1章でも説明した「期待値」がプレーヤーとマネージャーで異なるからです。

プレーヤーは「個人として成果を上げる」ことが期待されています。一方で、マネージャーは「チームとして成果を上げる」ことが期待されているのです。つまりマネージャーは、チームの監督として各個人が確実に成果を上げられるようにサポートすると同時にチームとしてより大きな成果を生むことを求められているのです。

監督の質によって、チームの生産性が大きく左右されます。スポーツを例にとっても同様です。仮にスーパースターをそろえたとしても、戦術や各選手の健康やモチベーションの管理を怠っていては勝てる試合も勝てません。監督は、時に選手を休ませることでケガのリスクを軽減させることや若手の選手にチャンスを与えるなど、チームの将来も含めてマネージメントしていくことを求められています。

マネージャーのスタイルについては、様々な考え方があります。ここでは、私の実体験も踏まえて大きく三つのマネージメントスタイルを紹介します。

①チーム並列型

マネージャーの役割をチームの取りまとめ役と定義し、民主的に他のメンバーの意見を聞きながら意思決定をしていくスタイル。マネージャーに昇格したばかりの方に多いスタイルで、協調性がある一方で素早い判断や強いリーダーシップは期待できない。そのため、大きな変革がある場合には不向き。

②プロジェクトマネージャー型

プロジェクトマネージャーとして、必要なタスクを細分化した後にチームメンバーに各タスクを担当させるスタイル。考える作業と取りまとめをマネージャーが行なうことで、チームメンバーは考えることなく淡々と作業ができる。そのため、短期間で進める必要のあるプロジェクトなどには非常に有効。

一方で、メンバーが自ら考えることをやめてしまい、指示待ちになってしまうリスクがある。短期間での成果が求められるコンサルタント出身のマネージャーに多い傾向。

③チーム育成型

マネージャーがすべてを行なうのでなく、チームメンバーの習熟度に合わせて関与の度合いを減らし、可能な限り部下を信頼して任せる。部下に細かい指示を与えないことで、考える力やリードする力を身に付けてもらう。

一方で、進捗状況に合わせ必要なら手を差し伸べる。プロジェクトマネージメント型と比べて手間も時間も掛かるスタイルではあるが、中長期的にみると、チームメンバーの能力の向上により物事を進めるスピードは飛躍的に早くなる。

これらのマネージメントスタイルは、更に細かく分類することもできます。そして、どのスタイルを選んでも間違いではないのです。その会社やチームのレベルによって求められる期待値は異なります。

そして、そのチームをどう導くかを最終的に決めるのはマネージャーです。先ほどのスポーツの監督と同じです。同じメンバーであっても監督の采配次第でメンバーの個性を活かすことができるかが決まるのです。

自分に合ったマネージメントスタイルを身に付けるには、どうしたらいいのでしょうか。マネージャーとして働きながらトライ&エラーで試行錯誤してもいいですが時間が掛かります。そこで、試していただきたいのは「理想のマネージャーを想像する」ことです。もし尊敬するマネージャーがいれば、その方をロールモデルとして参考にしても結構です。

もし身近に理想のマネージャー像に近い方がいない場合は、第2章で説明した「優れている人を真似る」を参考にしてください。自分が身につけたいマネージャーの要素をパッチワークのように組み合わせることで、理想のマネージャー像ができ上がるはずです。

コンサルタントが改善を提案するときは、必ずAS－IS（現状）を理解した上でTO－BE（あるべき理想の姿）を定義することから始めます。TO－BEを明確にすることで、何となくするのと比べて格段に速く、なりたい理想に近づくことができます。あなたにとっての理想のマネージャーとは何か。ぜひ、考えてみてください。

3 仕事のスピードアップを実現する優先順位

日々の仕事に忙殺されている方は、世の中にはたくさんいると思います。どの企業も人手不足で、特に仕事のできる優秀な社員であればあるほど仕事が集まってきます。

それは、人と比べて多くのチャンスが舞い込んでくることを意味します。しかし仕事量が多かったとしてもミスや遅延ばかりでは、せっかくのチャンスも逃げてしまいます。より多くの仕事を効率的に処理するためには、タスクの見える化と優先順位付けを意識する必要があります。

まずやってほしいのは、日々の業務でやらなければならないことをまとめたタスクリストを作成することです。これは、ノートや付箋、メールでも作成できます。私はメールで管理しています。自分宛にメールを送りタスクが完了するまで受信ボックスに入れておきます。件名を「締切日／内容／依頼者」など1行で分かるようにしておくと一目で各案件を管理することができます。デスクワークの場合、1日に何度もメールを確認しますので決して見過ごすことはありません。

このときのポイントは、タスクのレベルを調整することです。全てのタスクを細かく分けすぎると、手間が掛かりすぎます。逆にタスク分けがアバウトすぎては管理が雑になります。タスクの内容が複雑でミスが発生しそうだと感じた場合は、複数の異なるタスクとして別々に管理した方がよいでしょう。

タスクリストの作成ができるようになったら、次にタスクの優先順位を決めます。重要度と緊急度に合わせ、4つのカテゴリーに分けていきます。

最初に取り掛かるべきタスクは、緊急度が高く、なおかつ重要度が高いタスクです。これをタスク①とします。タスク①は、突発的なシステムトラブルやスタッフの病欠などにより直接お客様に迷惑が掛かる場合です。このタスク①は何よりも優先し対応する必要があります。

続いて対応しなくてはならないのは、緊急度が高く、かつ重要度が低いタスク

②です。

タスク②は、お客様に影響を与えることはないが緊急に対応する必要のある案件になります。たとえば、社長から急遽依頼された資料作成やお客様からの問い合わせなどです。

通常タスク②はタスク①よりも優先順位が低く、タスク①でキャパオーバーになっているのであれば、タスク②に関してはなるべく早い段階で同僚にお願いする、納期調整を依頼するなどの対策をとる必要があります。

次に緊急度が低いカテゴリーのタスクを見ていきます。タスク③は緊急度が低くかつ重要度の高いタスクです。たとえば、数か月先に納期が設定されている提出物や納期が設定されていないプロジェクトなどです。時間的に余裕があるので、計画的に段取りを組めます。

緊急度の高い案件はすぐに取り掛かることでしょう。しかし、緊急度の低い案件は時間の余裕があるためか、後回しになり存在を忘れがちです。だからこそ、緊急度の高い案件だろうと低い案件だろうと、事前に納期を設定しておくのがポイントです。

最後に緊急度も重要度も低いタスク④です。タスク④は時間のゆとりがあれば対応しましょう。

タスク管理のポイントは、自分ひとりで完結しない仕事は、可能な限り早めに処理することです。そうすることで、あなたがボトルネットとなることを防ぐことができます。

また、ここでも「期待値」を意識することで工数を減らすことができます。タスクを１００％完了してから依頼元に返答するのではなく、とりあえず最初の10％の段階で大枠の考え方、進め方、修正点の有無を確認してから残りの90％に取り組みます。そうすることで、やりすぎの防止や修正を圧倒的に減らすことができ、短縮した時間を活用して他のタスクに取り組むことができるのです。

★コラム⑦

マインドフルネス／今に集中する

現代社会で暮らす人々は、様々なストレスを抱えています。スマートフォンやパソコンの普及によって、移動中の車内や自宅でも仕事の電話やメールに追われている人も少なくないと思います。

テレビやインターネットなどでは、日々新しい情報が発信されています。普通に街を歩いているだけでも多くの情報が目に入ってきます。これらの情報も人間の脳に大きな負荷を与えています。

プロフェッショナルとしてビジネスで成功するためには、つねに万全の状態で物事に臨めるようにしなければなりません。仮に脳が疲れている状態や物事にひどく悩んでいる状態では、本来のパフォーマンスを発揮することができません。

そこで、近年注目されているのがマインドフルネスの考え方です。アップルの創業者であるスティーブ・ジョブズ氏が実践していたことでも有名です。マインドフルネスとは、仏教の坐禅やヨガから宗教的な要素を減らしビジネスに特化した瞑想の一つです。

実は、マインドフルネスを定期的に行なうことで頭の回転が速くなり、悩み事を小さくする効果があります。ここでは、マインドフルネスの概念と簡単な実践方法についてご紹介します。

はじめに姿勢は、座った状態で頭から糸で引っ張られているように真っすぐと座ります。鼻から息を吸い、口からゆっくり吐きます。これを繰り返すだけです。ポイントは、呼吸に集中することです。そうすることで、仕事のことや悩みのことではなく呼吸に意識が向くはずです。

もし雑念が湧いてきたら、考えないように意識するのは逆効果です。雑念が浮かんだことを素直に認め、感じたままに川に流していくイメージで雑念を流してください。その後、また呼吸に集中するのを繰り返すのです。

これを実践することで、心の平穏と脳の健康を取り戻すことができます。歌詞のないクラシック音楽を聴きながら実践したり、横になりながら実践したりしても問題ありません。

実は、呼吸に集中することは他のことから意識を遠ざける以外に大きな意味があります。人は、三つの大きな荷物を抱えているといわれます。それぞれ「過去・現在・未来」を表します。

呼吸に集中することは、現在だけを見ているということです。過去と未来を考えないことにより、抱える荷物も3分の1になります。悩んでいたことも、呼吸をしている間に過去になります。今だけに集中することで、人は自分の中にある悩みと向き合うことができるのです。

忙しいときこそ、5分~15分でよいのでマインドフルネスを試してみてください。今は、スマートフォンでもタイマーと音楽がセットになったマインドフルネスや瞑想のアプリが販売されています。始め方がわからない方は、試してみてもいいかもしれません。

余談ですが、実はマインドフルネスの応用は子育てにも有効です。

小さな子どもが大泣きをしているときに泣き止まないで困った経験をした親御さんも多いと思います。そのときに、子どもの前に掌《てのひら》を置いて、「ふーと息を吐いて。もっと強く」と言ってみてください。

呼吸を整えることで、心拍が安定すると同時にマインドフルネスと同様に今に集中させることで、あっという間に冷静さを取り戻せます。泣き止んでから泣いていた理由を聞けばいいのです。また不安定になったら、同じことを繰り返すだけです。

マインドフルネスの本質は、今この瞬間に集中することです。瞑想が難しいなら、意識を食事に向けて食材の味をしっかりと確かめながら、かみしめるように食事するのでもよいでしょう。

マインドフルネスを取り入れることで、心の豊かさを取り戻しつつ、仕事で最高のパフォーマンスをつねに発揮できるように努めましょう。

4

好印象を残すポジティブ変換法

毎日一緒に過ごしている家族や職場の同僚でなければ、あなたの能力や強みなどを的確に伝えることができません。特に年に数回しか会わない会社の重役や採用面接の面接官の場合、話ができる1時間程度の間に能力や強みをアピールし良い印象を残さなくてはチャンスを手に入れることができません。

しかし、今まで良い経験を積んでいるにもかかわらず伝え方ひとつで損をしてしまっている方が大勢います。

そこでお勧めしたいのが「ポジティブ変換法」です。この伝え方は、コツさえ覚えれば誰でもすぐに実践できますのでぜひ覚えていただければと思います。

人事部や中途採用の面接官から「英語はできますか?」と質問をされたら、あなたはどのように答えるでしょうか。「できません」と回答した場合、そこで話が終わってしまいます。

そのポジションが英語必須だった場合、確実に候補から外されてしまいます。一方で、「簡単な読み書きはできますが、高いレベルではありません。現在、英語の学習に力を入れています」と回答したらどうでしょう。前者と比べ後者のほうが英語へのアレルギーが少ないことや学ぶことに対する積極性があり好意的に受け取れます。

同じような質問で、「○○できますか?」と聞かれることがあります。中途採用の面接でスキルを確認するときだけでなく、営業がお客様から問い合わせを受けるときにもよく聞かれる質問です。

「できません」と回答した場合、面接官やお客様がもう一歩踏み込んだ質問をしてくれる保証はどこにもありません。

そこで終わってしまったら、せっかくのアピールのチャンスを逃してしまいます。

ポジティブな印象を与えるためには、言い換えが必要です。たとえば「○○

に関連した××であればできます」や「部分的には、対応可能です。たとえば……」と具体例で繋げることで相手に対して経験がゼロではないとプラスの印象を与えることができます。

面接官によっては、あえてネガティブな側面を引き出そうとする方もいます。たとえば、「あなたの弱みがあれば教えてください」と聞かれることがあります。弱みがない人間なんていないはずです。「特にありません」と答える人は、自分の反省点について考えたことがない方か、自分が完璧だと思い込んでいて改善できない残念な方です。

一方で、「私の弱みは、○○です」と弱みのみを列挙しただけではネガティブな印象を与えてしまいます。

ここで大事なのは、弱みを弱みとして認識した上で、どうつきあっているかを相手に伝えることです。

たとえば、「一つのことに集中しすぎることが弱みだと考えています。基本的にまじめな性格なので、細部まで取り組みたくなってしまいます。しかし、仕事である以上は時間が決まっていますので時間を区切ることでやりすぎを防止するように意識しています」と回答すれば、弱みを強みのようにポジティブに伝えるだけでなく、弱みに対する向き合い方も付け加えています。

前者と後者、どちらを採用するでしょうか。間違いなく、後者になると思います。面談の時間は、限られています。そのため、与えられた時間をフルに使い最大限にアピールすることがチャンスを掴み取る近道なのです。

5

鉄壁の防御／ファクトベースのコミュニケーション

マネージャーは、チームの代表として時に上司や関連部署、社外のステークホルダーと交渉をすることも大事な仕事の一つです。

各関係者は、異なる目的やターゲットを持っています。そのため利害が一致する場合もあれば、一致しない場合もあります。利害が一致しない場合、それぞれに異なる主張があるので相手を説得するのは容易ではありません。そのようなときに効果的なのがファクトベースのコミュニケーションです。

ファクトとは、客観的な事実を意味します。実際に掛かった費用や発生した問題など客観的な事実のみを切り出します。このときに主観が含まれるオピニオン（意見）を取り除かなければなりません。ファクトにオピニオンが含まれてしまうと、事実と意見が混同してしまうため、相対的にファクトの信憑性《しんぴょう》が低下してしまうからです。

またオピニオンは、あくまでも主観的な意見であるため人によっては別の解釈が生まれてしまいます。それにより反論を喚起し議論を拡散させるきっかけとなってしまう可能性もあります。ファクトは、否定できない客観的な事実であるため反論の余地はありません。

そこで、自分の主張であるオピニオンをサポートするファクトを集めて根拠とすることでオピニオンの信憑性を高めるのです。

オピニオンをサポートするファクトは、多ければよいというものではありません。数多くあるファクトのなかから、より信憑性の高い事実を選ぶ必要があります。

たとえば、「日本の景気は、好調である」という主張に対する根拠として、「街角アンケート」と「日本政府発行のＧＤＰグラフ」があったとします。どちらの方がより強力なファクトでしょうか。情報量の多い後者のほうが、より強力なファクトであるため、どちらか一つを選ぶ場合は後者を選ぶとよいでしょう。

強力なファクトで理論武装するのは自らの主張を突き通すために最も強力な武器になります。それと同時に、相手の主張から身を守る鉄壁の防御にもなり得るのです。

ファクトベースのコミュニケーションも通常のコミュニケーションと同様に相手を意識する必要があります。相手がより納得するように、効果的な順番で伝えることが重要です。

たとえば、システムトラブルで生産ラインが止まったとします。その際、営業が一番知りたい内容は、お客様への影響や売上に対するインパクトです。財務であれば、コストインパクトかもしれません。人事であれば、従業員の残業に関する情報が知りたいのかもしれません。

このように、同じ事象であっても知りたいポイントは異なります。相手が重視している価値観を把握した上でファクトをベースにオピニオンを伝えるのが成功の秘訣です。

6
分りやすいストーリーラインで人を動かして成果を出す

ビジネスにおけるコミュニケーションは、つねに「目的」があります。最終的に相手から引き出したいアクションを考えます。それを見据えた上でコミュニケーションを組み立てる能力が特にマネージャーには必要となります。

引き出したいアクションは、基本的に自分やチームにとって有益になることです。たとえば、グローバル承認や交渉にサポートを得ることなどが該当します。

これらのアクションを引き出すチャンスは、決して無限にあるわけではありません。社長決裁を想像してもらうとイメージがしやすいと思います。社長の時間を30分確保するのは決して簡単ではありません。そこで、限られた時間のなかでわかりやすく要点を伝える能力を身に付けることが必要です。

これを「エレベータートーク」といいます。元々は、シリコンバレーの起業家が同じエレベーターに乗り合わせた投資家に短期間で自分の提案を売り込むプレゼンを行なったことに由来すると言われています。

ここで重要となってくるのが、「ストーリーライン」です。いきなり詳細から入るのではなく、全体像から説明をして段階的に詳しく説明するのが効果的です。プレゼンをする相手に説明しているところを想像してみてください。プレゼンの最中に相手がどのように考えているかを想定しながら先方が納得するストーリーの流れを考えていくのです。

ストーリーラインを構築する際のポイントは、すべてを見せないことです。あれもこれもと情報を盛り込んでしまうと、論点がぼやけて何を言いたいか結局わからなくなってしまいます。別の資料を追加するか、質問があった際に口頭で補足するだけで十分です。

プレゼンでの反応を予測した上で聞かれると思われる質問に対しあらかじめ回答を用意しておくのもテクニックの一つです。スムーズに回答できるとそれ以上に深く追求されることもなく進行することができます。

一方で、スムーズに答えられないと更に細かい質問をされることが想定されます。そうなってしまうと、合意やサポートの確約を得るのは困難になってしまうので注意が必要です。

もう一つのテクニックは、事前の根回しと調整です。特にマネージメント会議では、あらかじめ影響力のあるメンバーに意見を聞き内容を反映させ協力者を作っておくことでよりスムーズにプレゼンを進行することができます。

「準備が8割」といいますが、限られた時間で成果を出すには事前準備が必要不可欠です。交渉がうまくいかなかったときは、「準備」を見直してみてください。

十分に準備に時間を使うことができましたか？

もっとできたことは、ありませんか？

ストーリーラインを改善することで次回のプレゼンを成功させることができるはずです。

★コラム⑧

元採用担当が教える面接の極意

中途面接のときに必ずといっていいほどよく聞かれる質問にエピソード系と呼ばれるものがあります。「過去に改善をした経験について教えてください」「プロジェクトで非常に苦労したことについて説明してください」などです。ここで、面接官が知ろうとしているのは、論理的思考能力と経験の再現性です。当然、即戦力としての入社を期待されているのでこれまでの経験をうまく活用しなるべく早く活躍してもらおうと考えているのです。

多くの候補者は、「ポジティブ変換法」の項で説明した通り伝え方で損をしています。実は、経験に関する質問は型に当てはめるだけで、非常に論理的で再現性のある事例として伝えることができます。冒頭で挙げた質問はすべて同じ答え方で対応できるのです。

面接で聞かれた成功体験や改善経験、苦労話などをすべて「困難があり」

それを「乗り越えた」という構成で語るのです。

具体的には、「①現状→②アクション→③選択肢→④優先順位→⑤実行／結果」の順番で物語を構成すると非常に説得力のある良いエピソードを作ることができます。それでは、実際にステップに沿って説得力のあるエピソードを作っていきましょう。

◆ステップ①現状

現状について説明します。問題点について説明できるとよいでしょう。

「AチームとBチームの連携に問題がありミスが多発していました」

◆ステップ②アクション

問題を解決するために自分がどのような行動をとったか説明します。

「AチームとBチームのそれぞれからヒアリングを実施することで、ミスの原因について調査を行なうことにしました」

◆ステップ③選択肢

アクションから導き出した複数の選択肢について説明します。

「チーム間の連携強化のためにミーティングの実施、人員の増強、トレーニングの実施などの案を考えました」

◆ステップ④優先順位

選択肢のなかで、優先順位を決めます。

「人員の増強とトレーニングは時間が掛かるため、最も早く取り掛かれるミーティングを実施することから始めました」

◆ステップ⑤実行／結果

優先順位に基づいて実行した選択肢について、結果と反省などを説明します。

「定期的なミーティングを設定することで、問題が発生する前に対応できるようになりました。またミーティングのなかでチェックシートの作成など新しい案が次々と出てくることで継続的な改善が行なわれています」

ぜひ、このステップに合わせて自分だけのアピールエピソードを作成してみてください。ここで重要なポイントが二つあります。

まず一つ目は、アピールするエピソードが面接官の求めている人物像の「期待値」に合っているか、です。営業のポジションに応募しているのに、経理経験をアピールしても効果はあまりありません。

二つ目は、どのエピソードを選ぶかです。社会人経験が長くなればなるほど様々な経験します。いくつもあるエピソードのなかから、どのエピソードを選ぶのが最も効果的かを考えてください。10年目の社員が1年目のエピソードを選んでもアピールになりません。

限られた時間のなかで最大限、自分を魅力的に映すエピソードを伝えることで、あなたの本当の価値を相手の会社に伝えることができるはずです。

7

マネージメント視点を養う

マネージャーとしてチームをリードする立場になると発言の重みがプレーヤーだった時代と比べて変わってきます。あなたの発言ひとつでチームの進むべき方向性が変わることもあります。

そこで重要になってくるのが、立場で物事を考えることです。個人としての考えと立場としての考えはイコールではありません。

たとえば、個人としてチームメンバーの給料を上げたいと思ったとしてもマネージャーとしては、チームメンバーのモチベーションの向上以外にも全体の給料バランスやコストの側面など多面的に検討をした上で判断を下す必要があるのです。

より良い決断を下すために、マネージメントとしての広い視野を持つことは必要不可欠です。そのためには、少しでも早い段階からマネージャーとしての経験を積むことが一番です。

しかし、マネージャーの経験を積むチャンスがない場合やマネージャーとしての経験が浅い場合は、「人の立場に立って考える」癖をつけるのが効果的です。

近年では、実践的な営業や接客のトレーニングの方法としてロールプレイを導入している企業も増えています。ロールプレイは、読んで字のごとくRole（役割）をPlay（演じる）ことで、立場を追体験することで疑似的な経験値を得ることを目的としています。

私は、部下を指導するときに「千本ノック」というトレーニングを行なっていました。毎日、数問「実際に起こったトラブルについて」マネージャーや部長の立場で考えてもらうのです。

たとえば、倉庫で火事が起こったときの対応やお客様からクレームを受けた際の対応などです。これらのトラブルについて、対応する順番やポイントをその日の終わりや翌日に部下と一緒に復習していました。最初のうちは、考えが足りない部分もありましたが件数をこなすうちにマネージャーとしての考え方の型が身に付いてきます。

マネージャーの経験が浅い方は、追体験する際に可能な限り身近な方を想定するとイメージが掴みやすいかもしれません。

たとえば、昔の上司や同僚などを思い浮かべながら彼／彼女であればどのように行動するかを考えてみます。「自分以外の他人がどう考えるか」を整理することで、客観的に物事を見る視点を身に付けることができます。

その方の立場で考えた後に、同じ方に直接アドバイスを聞いてみてもよいでしょう。ある程度、身近な方が「どう考えるか」を理解できたら次は、社長や部長など自分よりも少し遠いポジションにいる方の頭の中を想像してみましょう。そうすることで視野がドンドン広がっていきます。

応用として、他部署での決定に対し「自分だったら、どう考えるか」を考える癖をつけると不測の事態が起きたとしても素早く決断を下せるようになります。また、同時に相手の動きを先読みできるようになります。

マネージメントとしての視点は、一朝一夕で身に付けられるものではありません。日ごろから、誰が何を考えているかを意識すると同時に、自分だったらどうするかを考え続ける必要があります。

繰り返しトレーニングを積むことでマネージメントに必要な判断軸や独自の視点を身に付けることができるのです。

★コラム⑨

あなたの価値を上げる質問／価値を下げる質問

新入社員時代に、「わからないことは、どんどん聞いて」と言う先輩社員はいなかったでしょうか。

確かに新入社員は、業界知識も社会人としての常識も持っていない場合が多いため、「聞かないで失敗するよりも聞いたほうがよい」と一般的に言われています。ことわざにも「聞くは一時の恥、聞かぬは一生の恥」とあります。

しかし、本当に何でもかんでも聞くことは正しいのでしょうか。

私が大学時代にアルバイトをしていたときお世話になった先輩から、「世の中には、2種類の質問がある。あなたの価値を上げる質問とあなたの価値を下げる質問です」と教えていただきました。この教えは、現在に至るまで私が最も大事にしている教えの一つです。

指導をしてくださる上司や先輩も暇を持て余しているわけではありません。また質問に答えるために、お給料をもらっているわけでもありません。質問を絶対にしてはいけないわけではありませんが、聞くべき質問を厳選する必要があります。

たとえば、インターネットや社内イントラで少し調べればわかることについて尋ねる、既に一度説明を受けた内容を繰り返し確認するなどは、時間の浪費になるため「あなたの価値を下げる質問」に分類されます。

また質問をするタイミングも重要です。突拍子もない質問や多忙なタイミングでの急ぎではない質問などは、たとえ良い質問であったとしても「あなたの価値を下げる質問」になってしまいます。

単純な質問は、仲の良い同僚や後輩に確認するなどし、上司への質問を厳選するのも一つの方法です。

一方で「あなたの価値を上げる質問」は、「こんな理解ですが、正しいですか?」や「こうしたほうがいいと思うのですが、ご意見ください」など自分の認識確認や提案という形をとると、あなたの新しい一面や視野の深さをアピールするチャンスになります。

たくさんの質問を投げかけるよりも、1件の筋の良い質問を心がけましょう。


この質問の考え方は、実は転職にも有効です。中途採用面接で「最後に何か質問がありますか?」とほぼ100%聞かれます。ここで「ありません」と答えるのは実に勿体ないのです。

直近のニュースに関する話題、IR情報、事業戦略や将来のキャリアパスなど質問できる内容は無数にあります。ニュース、IR情報、事業戦略について質問することで、企業研究を熱心に行なっており志望度が高いことが伝わると同時に経営的な視点を持っていることをアピールできます。

キャリアパスについての質問は、長期的にこの会社で働きたいことをアピールするのに有効です。これらの質問は、「あなたの価値を上げる質問」です。

一方「あなたの価値を下げる質問」は、残業に関する話や明らかに業界研究を怠っていると思われる基本的な質問などが挙げられます。

面接の場合、チャンスは一度きりです。そして面接の受け答えがすべてです。「あなたの価値を上げる質問」をあらかじめ考えた上で面接に望んでほしいと思います。

第5章

「自分を高く売る」ためにやるべき10の実践事項

1

職務経歴書をアップデートする

私は、半年に一度のペースで職務経歴書のアップデートを行なっています。その時期に達成したプロジェクトや得た経験値について棚卸しするのです。

過去に部門責任者をしていた際に、部下にも定期的に職務経歴書をアップデートすることを推奨していました。これは、決して退職や転職を勧めているわけではありません。

定期的に職務経歴書をアップデートする理由は、大きく三つあります。

まず一つ目は、**「記憶がフレッシュなうちに実績を整理」**できるからです。

一般的に、どの企業も1年単位の評価制度を設けています。客観的に評価可能な目標を設定し、その後に定期的にレビューを行ないます。しかし、残念ながら多くの社員が評価の直前に達成したことを一度にまとめて記入しているのが実情です。

記憶は、時間が経つほどに曖昧になり、印象が薄いことはすぐ忘れてしまいます。こまめに職務経歴書をアップデートすることでより詳しく正確に記録に残すことができます。

二つ目は、**「社内外でのキャリアを意識」**するためです。

職務経歴書のアップデートを通じて現在の職務に求められる役割や実績を振り返ると同時に、改善できるポイントを客観的に文字に落とし込みます。そうすることで、自分のなすべき役割、評価されている部分、取り組まないといけないことがわかってきます。

三つ目は、**「社内外でチャンスを掴む」**ことができるからです。

職務経歴書は、本来は転職の際に第三者に対して自分を売り込むための資料です。直近の成果をつねに伝えられる状態にしておくことで、目の前に突如として現れたチャンスに対応することができます。

たとえば、会社の重役や重要なクライアントと食事をする機会があったとします。そのときに直近の実績をしっかりとアピールすることができれば、魅力的な仕事を任される可能性が高まります。

転職活動においては、部長職以上のエグゼクティブクラスの求人は件数が少なく誰でも内定を勝ち取れるわけではありません。急遽ポジションが空いたとしても、職務経歴書のアップデートができていない状態では応募するタイミングを逃してしまいます。

職務経歴書を更新している間に他の候補者が決まってしまっては、元も子もありません。確実に誰よりも早く手を挙げるには、いつでも準備万全の態勢を整えておくことが必要なのです。

★ポイント★　職務経歴書をつねにアップデートして、いつでもアピールできる準備をする

2 エージェントを活用する

厚生労働省の平成29年度職業紹介事業報告書によると、転職エージェント（有料職業紹介事業者）は2万7８3事業所と過去最高を更新しました。

転職エージェントは、規模が大きければ良いというものではありません。社員が数名の転職エージェントであっても独自のサービスで差別化しています。私の在籍するアトワジャパン株式会社は、事業会社でマネージメント職を経験した方のみがコンサルタントとしてクライアント企業や求職者とやりとりをしています。そうすることで他のエージェントにない新しい付加価値を提供しています。

当社に限らず転職エージェントとは、長期的な関係を構築することをお勧めします。キャリアを考える上で心強い味方になるはずです。

転職エージェントの仕事は、仕事を探す求職者と人材を探している企業をマッチングさせることです。しかし、誰もが転職を検討しているわけではありません。そういう方向けに、求人案件の紹介以外にもキャリア相談に乗ってくれる転職エージェントも少なくありません。

キャリア相談を行なう場合は、転職エージェントのコンサルタントの力量や自分との相性を見極めてください。なるべく早い段階で、長くつきあえるコンサルタントを探すことも将来的な転職を成功させるコツです。

職務経歴書をアップデートしたら、転職エージェントに相談をしてみましょう。転職を検討したことのない方でも、一度相談をしてみるといいです。転職をしない選択肢も決して悪くはありません。しかし、別の可能性が広がっているにもかかわらず、その可能性を見ようとしないのは非常にもったいないことです。

また今の世の中、会社が買収されることも、倒産することもあり得ます。そのときに生き延びるためには、自分が会社の外で何ができるかをつねに知っておく必要があります。

転職エージェントには、これまでの経歴と仕事で大事にしている価値観や興味について話してください。そして「自分に、どのような求人が紹介できるか」を聞いてみてください。紹介してもらえる案件の内容や年収などの条件を見ることでマーケットでの大まかな価値を理解することができます。

インターネットで興味のある求人を探し、提供しているエージェントに問い合わせて、応募可能か聞いてみるのもよいでしょう。NGだった場合、「何が足りないか」を聞いてみてください。そうすることで、取り組むべき課題や身に付けるべき知識を把握することができます。

もし転職エージェントがあなたの興味がある求人を紹介してきた場合、「とりあえず、受けてみる」ことをお勧めします。

会社への義理を気にする方もいますが、一生会社があなたの面倒を見てくれる保証はどこにもありません。休みの日や仕事終わりに面談に行けばいいのです。

そして「受ける会社を品定め」する感覚で面談を受けるのです。「この会社で働くと、自分にとってどんなメリットがあるか」を考えて、内定が出た後に現在の職場と比較します。そして自分にとってより良い選択をすればよいのです。

★ポイント★　可能性を探る。マーケットでの自分の価値を理解する

3 人の経歴を参考にする

新卒から定年まで働くのが一般的だった時代、多くの企業には非公式な「出世コース」が存在しました。本社の営業部門や開発部門など売上に大きな影響を持つ部署は、企業によっては花形部署と呼ばれ優秀な人材が集められ、将来の社長として相応《ふさわ》しい教育と実績を積むチャンスが与えられます。

当然、社長や部長を多く輩出することで部署は社内での影響力も上がります。現在でも長期雇用が前提の企業には、少なからずこのような「出世コース」は残っています。

しかし、現在の「出世コース」は、必ずしも成功を約束するものではなくなっています。大手企業も倒産するリスクは十分にあります。またマーケットのトレンドによっては、花形部署が入れ替わることもあり得ます。

富士フイルムは、以前は写真フィルム事業が稼ぎ頭でした。しかしデジタルカメラの普及により、写真フィルム事業は縮小しました。同業のコダックは、変化に対応できず２０１２年に連邦倒産法第11章の適用により上場廃止しています。大きな変化の波から富士フイルムを救ったのが、フィルム開発の技術を活用した化粧品事業や医薬品事業への参入です。花形部署が永遠に花形であり続けることは、あり得ないのです。

仕事で成果を出すことは出世の絶対条件ですが、少しでも早く昇進するためには「新しい出世コースを探す」ことが効果的です。簡単にいうと、既に存在するキャリアパスのお手本を探すのです。

社内であれば、最年少で抜擢された部長や課長が歩んできたキャリアをリサーチしてみてください。抜擢されたのには、必ず理由があります。企業としての「期待値」を読み解くことであなたも部長や課長のたどった道を参考にキャリアを構築していけばいいのです。

これは、社外に目を向けても同様です。外資系企業の日本法人社長を目指すのであれば、社長がどのような経験を歩んでいるのかを知ることで、目指すべき方向性が見えてくるはずです。

コーポレートサイトの社長挨拶やインタビュー記事にも略歴が掲載されています。またビジネス特化型ＳＮＳのリンクトイン（LinkedIn）を使用している方であれば、かなり細かく経歴を知ることができるのでお勧めです。

目下の転職活動でも、応募しようとしているポジションに付いていた方やその企業の出身者が、どのようなキャリアを歩んでいるのかをリンクトインで簡単に確認することができます。そうすることで、あなたが将来的に転職可能な企業やポジションを知ることができます。

話を聞いてみたい方には直接メッセージを送り、キャリアについて聞いてみてもいいかもしれません。もちろん１００％回答を貰えるわけではありませんが、場合によっては貴重な話を聞けるかもしれません。

★ポイント★　人の経歴を参考に出世コースを探そう

4 求人表で自分に足りないスキルを確認する

転職サイトを見ると様々な求人票を見つけることができます。そこで、あなたが興味のある求人を探してみましょう。

興味のある求人にはあなたが「今すぐ応募できる求人」とスキルが足りず「今すぐ応募できない求人」があります。求人票は、採用する企業が候補者に求める「期待値」です。企業にの求める「期待値」を100％満たす候補者は決して多くありません。しかし、他の候補者より優位に立つためには、少しでも多くの「期待値」を満たす必要があります。そこで意識的に「足りないスキルや経験」を獲得することでマーケットでの価値を上げることができます。「キャリアチェンジ」と「キャリアアップ」で取り組み方が若干異なるので別々に説明します。

まず「キャリアチェンジ」ですが、これは現在の職種や業種と異なる求人にチャレンジすることを指します。わかりやすい例を挙げると、現在営業をやっている方が経理ポジションを希望する場合です。経理としての経験がないのであれば、転職は簡単ではありません。

中途採用は、新卒と異なり基本的にポジションありきの即戦力採用になります。未経験で採用される可能性は限りなく低いです。しかし、採用される可能性はゼロではありません。その分野の知識を十分に有しており短期間で即戦力になれることを証明できればよいのです。

具体的には、現在勤めている会社で必要な経験を少しでも多く積むことです。経理部門に異動願いを出して数年の経験を積み転職するのが一番確率の高い方法です。異動が難しい場合は、部門経理や予実管理など経理に関連した業務を積極的に引き受けて職務経歴書に記載するとよいでしょう。部門異動と比べてハードルは低いはずです。

社内で経験を積むことが難しいようであれば、関連した資格を取得するのも有効な手段です。経理であれば、簿記・公認会計士・USCPAなどの資格を積極的に取得することで採用される確率が高まります。

次に「キャリアアップ」を見ていきます。

ここでの「キャリアアップ」は、一般社員からマネージャー職に転職するなど、現在の職位よりも上の職位に転職することと定義します。この場合も「キャリアチェンジ」と同様にマネージャーとしての経験がない状態での転職は困難です。

現在の会社で昇格後に転職をするのが一番スムーズですが、会社の都合もあるので確実な方法ではありません。そこで、マネージャーとして必要な要素を求人票から読み解き、部分的に経験値を得ることをお勧めします。

たとえば、後輩のトレーナーに志願することでピープルマネージメントの経験を積めます。予実管理であれば、予算のドラフトを上司に担当させてもらえないか依頼することもできます。プロジェクト管理の経験であれば、改善プロジェクトに志願してもいいかもしれません。

このように必要な経験を意図的に積み職務経歴書に追記していくのです。そうすることで、採用する企業が求人表に記載している要件をクリアしていることをアピールすることができます。

求人票を見ていると、興味はあるものの自分の現在のポジションから大きく乖《かい》離《り》しているものもあると思います。たとえば、外資系企業の社長職などです。しかし興味があるのであれば、そこに到達できるように努力するべきです。次の転職では応募できないポジションかもしれませんが、次の次であれば射程圏内に入る可能性も十分にあります。

部下40人のマネージメント経験が必須の求人に対して現在のあなたが部下10名までしかマネージメント経験がないのであれば、次の転職の際に部下40人以上のポジションを選べば、その後の転職の際に応募資格を満たすことができます。このように、将来目指したいポジションに繋がる仕事を選ぶことも転職の際に選択肢として考えておいてください。

経験値を得るための転職は、年収ダウンになる場合もありますが将来的には大きなプラスになる可能性が高いです。目先の利益のみに捉われず、キャリアにとってベストな選択肢を選んでいただければと思います。

★ポイント★　足りないスキル・実績を意図的に獲得する

5

風格を養う

あなたは、メラビアンの法則をご存じでしょうか。メラビアンの法則によると、第一印象は「視覚」55％、「聴覚」38％、「言語」７％という比率によって決まるとされています。視覚と聴覚だけで、第一印象の93％を占めるのです。

確かにヨレヨレのスーツで商談に臨む営業マンを見て好意的な印象を持つ方はいません。ビジネスマンは、基本的には客商売です。社内外で様々な方とやりとりをしながら仕事を進めます。

せっかく高い能力を持っていても服装や伝え方で損をしては、意味がありません。一流のプロフェッショナルやマネージャーを目指すのであれば、「一流に相応しい風格を養うべき」なのです。

「視覚」で最も重要なのは、服装や髪型です。高級品で身を固める必要はありませんが、清潔感のある服装や髪型をつねに心がける必要があります。また話をする際のボディランゲージも意識する必要があります。普段は、無意識にやっている癖も見られているので、意識して直すとよいでしょう。

たとえば、話している最中に貧乏ゆすりを繰り返すと相手にイライラして不機嫌だという印象を与えてしまいます。この相手が上司やお客様だった場合、意図せずに不愉快な思いをさせてしまう可能性があるのです。他には、腕や足を組む姿勢は横柄な態度と受け取られる可能性があります。人の上に立つ管理職としては、このような細かい配慮を忘れてはいけません。

「聴覚」は、声の大きさやトーンを意識することが重要です。小さな声では、自信がない印象を与えてしまいます。一方で大きい声は、威圧感を与えてしまうことがあります。早口で捲《ま》くし立てるように話すのと、ゆっくりと丁寧に話すのでは相手に与える印象がまったく異なります。そのため、話し方ひとつについてもＴＰＯに合わせて、調整しなくてはなりません。

最後に「言語」ですが、こちらは話す内容になります。役職が上がると、対外的に部署を代表して発言することが増えていきます。部署としての意見や会社としての意見をきちんと伝えられるように意識する必要があります。

また役職者の発言は、一般社員と比べ影響力を持つため、噂話《うわさ》や特定の社員を攻撃するような発言は可能な限り控えたほうが望ましいです。

このように、好意的に見られる印象を演出し「風格を養う」ことで「彼であれば、次に昇格させられる」と思ってもらうことが出世の秘訣です。

またチームメンバーにも慕われ成果が上げやすくなります。実際に要職に就いている方のなかには、専門のコーチを付けて役職に相応しい服装や振る舞いについて学ぶ方も大勢います。

まず自分自身が周りに与えている印象を理解するところから始めましょう。そして、少しずつ理想像に近づける努力をしてみてください。

★ポイント★　好意的に見られる印象を演出して「風格を養う」

6

人間関係を構築する

規模の違いはありますが、仕事は一人で完結できるものではありません。様々な人と協力をしながら物事を前に進めていくことが必要なのです。

どんなに優秀だったとしても孤立無援で周りの人がサポートしてくれないのであれば、本来のパフォーマンスを発揮することはできません。そのため、社内外にあなたの理解者・協力者を一人でも多く作ることが必要になります。

理解者・協力者を得るためには、相手から「信用」を勝ち取らなければなりません。人は、誰もが自分や所属する組織の利害を重視します。しかし判断の軸は、利害関係だけではありません。最終的には、人と人の「信用」によって物事を決めるのです。

あなたのことを「信用」し、協力してくれるファンを一人でも多く作ることが成功の秘訣です。

それでは、「信用」はどのように勝ち取ることができるのでしょうか。答えは、日ごろの行動の積み重ねです。

嘘をつかず誠実に対応する。
約束の時間を守る。
笑顔で協力を申し出る。
メールにはすぐに返信する。
頼み事を引き受ける。

ビジネスマンとして当たり前の対応ですが、忙しいと後回しにしがちです。
一方で、物事を頼まれたときは、チャンスでもあります。逆の立場を考えるとイメージしやすいと思いますが、自分に対して協力的な方には何かあったときに協力したくなるものです。

この考え方を英語では「give and take」、日本語では「貸し借り」と表現します。重要なのは、すぐにリターンを求めるのではなく「貸し」を貯金しておくことです。「貸し」の貯金残高が多ければ多いほど、信用力が上がります。逆に「貸し」の残高が少なく「借り」が多く信用力が低い場合、積極的な協力を引き出せない可能性が高まります。

「信用」は、個人にとって最も大きな財産の一つです。目に見えないので、会社を退職した後も「あのときに、お世話になったので」と貯金を繰り越すことができます。

しかし、短期的な利益のために人を利用したり、裏切ったりすると「信用」は地に落ちます。負の評判は、これまで築いてきた人間関係をあっという間に崩壊させるのです。

一度、傷ついた「信用」は、負の資産として付いて回ります。新しい「信用」を構築する上で弊害となるのです。「信用」を回復させるのも至難の業です。十分に注意してください。

信用力を高めるためには「貸し」を貯金するのが一番ですが、頼まれ事を待っているだけではあまり残高は増えません。そこでお勧めなのが「フィードバック」の活用です。

自分自身や部署の対応について、積極的に「フィードバック」を貰うように心がけましょう。そうすると、「もっと○○をしてほしい」などの要望や「○○は、止めてほしい」などのクレームといった声が聞こえてくるはずです。

これらの声に速やかに対応すると、あなたと部署に対する「信用」が高まり協力的なパートナーとなってくれるはずです。

★ポイント★　協力者を増やすには、信用貯金の残高を増やそう

7

見える化と仕組み化

日常の業務を確実にこなすことは、非常に大事です。しかし、こと評価となると日常の業務は、アピールしにくいです。日常の業務は、「できて当然」と捉えられてしまうため、アピールの要素として弱いのです。

一方で、新しい試みや改善など「成果の出る仕事」は、付加価値のある仕事としてアピールできます。高い評価を得るためには、少しでも多く「成果の出る仕事」にフォーカスするべきなのです。

「成果の出る仕事」にフォーカスするためには、可能な限り少ない労力で日々のオペレーションを回す必要があります。ここで重要になってくるのが「業務の見える化」です。

現在、あなたやあなたのチームが担っている仕事をすべて棚卸しします。棚卸しの過程で、作業プロセスや責任の所在を明らかにしたマニュアルを作成してもよいでしょう。そうすることで、仕事に含まれる重複作業、不必要な作業や本来の担当外の仕事を発見することができるはずです。

これらを整理して無駄を徹底的に排除しスリム化することで、本来注力するべき仕事にリソースを集中することができるのです。

ある程度、業務の整理とスリム化を実現できたら次はパフォーマンスの「見える化」を行ないます。これは、通常オペレーションが適切に機能しているかをモニタリングする「仕組み」を作ることを意味します。

営業であれば、訪問回数や売上実績などを日々のＫＰＩ（主要業績評価指標）として管理します。一方で物流であれば、保管率や誤配率などがＫＰＩになります。

これらの主要ＫＰＩをモニタリングすることで、ビジネスの状況を事細かに見ていなくても経営判断を下すことができるようになります。

ＫＰＩ以外にも、関連部署と定期的なミーティングを設定することや定期的にメンバーに個別指導を行なうなど、パフォーマンスを維持する「仕組み」を導入することも効果的です。

「見える化」も「仕組み化」も一度やったら終わりではありません。作った「仕組み」を維持すると同時に、継続的に改善を行なう必要があります。小さな改善であったとしても、積み重ねると大きな成果に繋がります。

たとえば、プリンターの位置です。チームメンバー5名が座るデスクから30秒の位置にプリンターがあると仮定します。それぞれのメンバーが、平均で1日に10回印刷をすると「10回×5人×30秒×2（往復）＝50分」になります。年間250営業日と仮定すると、累計200時間に相当します。この時間を別のことに使えば、今よりも大きな成果を上げることができるはずです。

読者のなかには、一般社員の方も大勢いると思います。もちろん「見える化」や「仕組み化」は、管理職の方に積極的に取り組んでもらいたいことです。しかし、管理職でなくてはできないことではありません。自身の業務を見直し、少しでも効率化することで、後輩の指導や自分の興味のある仕事に力を注ぐことができます。

あなたが諸先輩から引き継いだ仕事は、引き継いだときと同じ状態ですか。もし同じ状態であるなら、あなたがこの業務をやっている付加価値は何なのでしょう。少しずつでもいいので、効率化を意識してみてください。そうすることで、あなたの価値は確実に上がっていきます。

★ポイント★　仕事の見える化と仕組み化により、「成果の出る仕事」にフォーカスする

8 年収の1割を自己投資に回す

最も利回りの高い投資は、「自己投資」であると言われています。成功している方の多くは、目安として年収の1割を自己投資に充てることを意識しているようです。

継続的に知識を得ることは、プライベートでもビジネスでも新しい可能性を広げてくれます。またフィットネスやリラクゼーションは、プロフェッショナルとして最大限のパフォーマンスを発揮するのに有効です。

このように一見するとビジネスと直接関係ないようですが、自己投資は利益として還元されるのです。

もちろん、直接的にビジネスに直結する自己投資もあります。会計知識、プログラミング、資格の勉強などのハードスキルやプレゼンテーションスキルなどのソフトスキルの習得です。これらは、早く習得するほどベネフィットを受けやすいので優先的に取り組むとよいでしょう。

また、これらのスキルは第2章の「1万時間の法則」で説明したとおり、使わなければ定着しません。可能な限り、実際の仕事のなかでアウトプットすることを意識してください。

一方で、思考の幅を広げるために、最新の技術に触れることや歴史や哲学について学ぶことも自己投資になります。学生時代と異なり、自分から率先して学ぶことで見えてくるものが違ってきます。

感性や人間力を磨くために、音楽やミュージカルのような舞台芸術に触れてみるのもよいでしょう。これらは、仕事のストレスを軽減すると同時に心のゆとりと精神の安定をもたらします。

そして、自己投資で一番お勧めなのは、興味のある分野の本を読むことです。本は、高くても1500円程度と安価で著者の経験や知識が豊富に詰まっています。最もコストパフォーマンスの高い投資の一つです。1冊の本の中で、一つでも自分にとって役立つ情報があれば既に価値のある投資になるのです。

また、経営やビジネススキルなど様々なトピックの本があるので、そのときの関心や必要な知識によって自由に選べるのも大きな魅力です。

特定の分野で専門性を高めることを目的として本を読む場合は、著者の異なる10冊の本を読んでみてください。それぞれの本には、著者が無意識のうちに持つ思考のバイアスがあります。複数の著者が書く本を読むことによって、共通点と不足している部分を補いながらトピックの全体像が見えてくるはずです。

「自己投資」と難しく考えるのではなく、まずは週に新しい本を1冊読むところから始めてみてください。1年で50冊以上の本を読むことができれば、1年前と比べて大きな変化を感じることができるはずです。

★ポイント★　「自己投資」で新しい可能性を広げる

9

人に会って才能を伸ばす

人は、無意識のうちに周りの影響を受けやすいものです。あの人は「慶應だからコミュニケーション力高いよね」とか「東大生だから頭が固い」とか、ある種のステレオタイプのように聞こえますが一部正しい面もあります。

慶應は、付属高校から進学する生徒も一定数いるため、受験勉強とは無縁で学生時代に部活動や趣味に没頭した生徒も多いでしょう。一方で、東大は一般受験のみなので厳しい受験勉強をくぐり抜けてきた生徒も多いでしょう。

どちらも優秀であることに変わりはありませんが、大多数を占める生徒の考え方は周りの生徒にも影響を与えます。ことわざにあるように、「朱に交われば赤くなる」のです。

学校を卒業しても、人は様々なコミュニティーに所属することになります。職種も一つのコミュニティーといえます。経理の経験が長い方は、経理的な考え方が全面に出ます。一方で営業畑出身の方は、営業マインドが染みついています。これらは、無意識のうちに体に浸透していくのです。良くも悪くも、その分野のスペシャリストとしての考え方が身に付くのです。

意図的に特定の分野の才能を伸ばすためには、この「朱に交われば赤くなる」の仕組みを逆に利用します。つまり「赤くなりたければ、朱に交じれ」を実践するわけです。

コンサルティングを学びたいのであれば、コンサルタントと接する機会を増やす。経営学を学びたいのであれば、経営者と接する機会を増やすのです。

これは、自らがコンサルタントとして優秀なコンサルタントが集まる企業に転職する、コンサルタントの集まるコミュニティーに参加する、コンサルタントの友人を作るなど、できることは色々とあります。

意識的に自分がなりたいタイプの方々と接することで、考え方や仕事の取り組み方など様々な視点を得ることができます。そしてこれらは、決してテキストで学ぶことのできない知識なのです。

プライベートな時間に積極的に人と会うのは、エネルギーを使います。仲の良い友人や家族であれば気楽に会うことができますが、関係の浅い方ではそうはいきません。

その反面、新しい知識や話を聞けるチャンスは友人や家族と比べ格段に多いはずです。人に会うことは、最大の勉強です。積極的に新しい人と出会う機会を増やしてみましょう。

フォーマルな打ち合わせでなく、カジュアルな飲み会やお茶でも構いません。自分が興味のある分野に精通した優秀な人と接する時間を増やしてみましょう。そして、色々な人を紹介してもらいましょう。そうすることで気づかないうちに、あなたも優秀な方々の仲間入りを果たしているはずです。

★ポイント★　自分が会得したいスキルを持っている人と積極的に会おう

10

結果にコミット／3ヶ月で人は、変われる

「結果にコミット」のコマーシャルで有名になったライザップですが、短期集中で物事に取り組むスタイルは非常に理にかなっています。3ヶ月の期間限定だとわかっているからこそ、多少の無理や我慢にも耐えることができるのです。

最近では、ライザップ以外にもダイエット分野では24／7ワークアウトなど多くのパーソナルジムが参入してきました。英語でも短期間で英語を上達させるライザップイングリッシュやプログリットなどのサービスがあります。

毎日2時間、学習の時間をとることができれば90日で180時間の学習時間を確保することができます。個人差はありますが、簿記2級やPMP（Project Management Professional）など転職や昇進に有利な資格取得を十分に狙える学習時間です。

高校3年間の英語の学習時間は360時間程度と言われていますので、1日4時間の学習を集中的に行なえば、高校3年間の学び直しも可能です。週1回1時間では、年間で50時間が関の山です。高校1年分にも満たない学習量では、あまり上達を期待できません。

ですから、本気でスキル向上を目指すのであれば短期集中がもっとも効果的なのです。

短期集中は、必ずしも学習に限ったことではありません。

「部下を積極的に褒める」「大声で叱責しない」「毎朝6時に起きる」など普段の行動で変えたいことや改善したいことを3ヶ月間、集中して取り組むことで自らの習慣を矯正することもできるのです。

仮に3ヶ月と期間を決めたとしても、達成するのは決して簡単ではありません。人は、弱い生き物です。仕事や家族をできない言い訳にしてしまっている人は多いと思います。そこで、重要なのが協力者の存在です。

ライザップを例に見ると、トレーナーが頻繁に連絡をとることによりつねにダイエットを意識するようにしています。定期的に食事の報告をメールやメッセージアプリで行なうのもダイエットを意識するためです。また心理的にも「協力してもらっている以上は、頑張らないと」と思うはずです。

ですので、取り組む内容や期間を同僚や家族に宣言して協力を求めるとよいでしょう。手帳やデスクなど、目に触れるところに取り組む内容を貼っておくのもモチベーションを継続させるのに有効です。

本書では、あなたの価値を上げる様々な方法論について説明をしてきました。すべてを今すぐ取り組む必要はありません。しかし、ここで学んだことを一つでも二つでも日々の仕事に3ヶ月間積極的に取り込んでください。あなたの評価が高まっていくのを実感できるはずです。

★ポイント★　短い期間でもいいので本気で取り組んでみよう

あとがき ～扉の向こうに広がる世界～

「ジョブホッパー」と私のことを呼ぶ人もいます。事実、私はこれまでに5回の転職を繰り返しています。しかし、それは闇雲に職を変えていたわけではありません。それぞれの職場で、短期間で即戦力となりビジネスに貢献してきました。それと同時に新しいスキルを身に付け自分の価値を上げ続けてきたのです。実際に転職する度に年収と職位は上がっていきました。最初の転職から5年で年収は4倍になりました。

転職は、キャリアを切り開く選択肢の一つですが必ずしも積極的に推奨できるものではありません。なぜなら、転職は想像以上にエネルギーが必要だからです。

会社を辞める際には、大なり小なりの引継ぎや引き留めがあります。自分に様々なものを与えてくれた会社の恩に報いるためにも適当なことはできません。誠心誠意取り組む必要があります。

「立つ鳥跡を濁さず」ということわざがありますが、辞めるときの姿勢が今後のあなたの評判として残ることを考えると手加減はできません。

引継ぎと同時に退職手続きや入社準備などに追われることから、週末を返上して働くこともありました。次の会社が決まっている場合、有休消化ができることは非常に稀です。

新しく入社した会社では、「お手並み拝見」と言わんばかりに新しい同僚が中途社員の前に立ちはだかります。大きなストレスが心と体に掛かることは間違いありません。

それでも、私は転職することを選びました。それは、自分が「経験したいこと」を「自分自身」で選ぶことができるからです。うまく活用すれば、最短で理想の自分に近づくこともできます。

たとえば、あなたが部長になれるだけの実力を持っていたとします。周りの社員もあなたを高く評価しており、次の部長になるのはあなただと誰もが思っているかもしれません。しかし、あなたの上司である部長が同期だった場合チャンスは回ってくるでしょうか?

あなたが部長になるためには、上司が本部長に昇格するのを待つか、上司が転職するのを待つかの2択しかありません。これは、部長のキャリアに関する決断に依存するのです。

あなたは、部長がいなくなるのを大人しく待ちますか? もし、ライバル企業で部長職が空いたらより早く部長職として経験が積める可能性があります。一つの椅子を待つのではなく、マーケットにあるすべての椅子に座るチャンスがあると考えればワクワクしてきませんか?

転職を通じて感じたことは、誰でも会社に媚びない生き方ができるチャンスがあるということです。普通の会社員は、社内の評価や政治に配慮して経営陣や有力者と戦うことを好みません。戦うことが良いとは言いませんが、自分自身に腹落ちしていないことを行なうことほどストレスが溜まるものはありません。

実力があり、ヘッドハンティングされるほどの実力者であれば仮に会社を去ることになったとしても次の職には困りません。そういった意味でも仕事を失うことを恐れずに社内で自由に動くことができるようになります。

あなたは、あなた自身のキャリアという舞台の主役であり演出であり監督なのです。ぜひ、あなたらしい、あなただけの素晴らしい舞台（キャリア）を作り上げてください。

江田泰高（えだ・やすたか）
慶應義塾大学経済学部卒業。新卒で大手物流会社に入社後、倉庫運営、輸出入、フォワーディング等の実務を経験。その後、外資系コンサルティングファームでSCMを中心に幅広いプロジェクトに従事。コンサルタントとしての経験を活かし、大手IT企業にて新規事業立ち上げや複数の外資系メーカーにて部門長を歴任。自身の転職経験と部門責任者としての豊富な採用経験を踏まえて、経営コンサルティング、人材育成、転職支援を行うアトワジャパン株式会社を設立、2019年6月に取締役に就任。

正《ただ》しく評価《ひょうか》してくれないこの会社《かいしゃ》に限界《げんかい》を感《かん》じたとき読《よ》む本《ほん》
～「自分を高く売る」ためのキャリアデザイン戦略～

2019年8月5日　　初版発行

著　者　　江　田　泰　高
発行者　　常　塚　嘉　明
発行所　　株式会社　ぱる出版

〒160-0011　東京都新宿区若葉1-9-16
03(3353)2835 ― 代表　03(3353)2826 ― FAX
03(3353)3679 ― 編集
振替　東京 00100-3-131586
印刷・製本　中央精版印刷(株)

ISBN978-4-8272-1192-4 C0034